商品房预售法律制度本论

骆小春　李克明　等著

合肥工业大学出版社

目 录

第一章　我国商品房预售制度之渊源

第一节　商品房预售法律制度一般理论

一、商品房预售概念及其法律属性

商品房预售，又称期房买卖，俗称“卖楼花”，是指预售方将正在建设中尚未竣工的房屋预先出售给承购方，承购方交付定金或购房款，房地产公司在未来确定的日期将房屋交付给承购方并转移房屋的所有权，承购方支付全部款项的一种房屋买卖行为①。

1. “商品房”概念辨析

“商品房”是房屋概念中与“非商品房”相对应的一种类型划分，意指由房地产开发经营企业开发且建成后用于出售的房屋。其主要特征：一是在于商品房是房地产开发公司以营利为目的建造；二是需要经房地产有关主管部门批准而在市场上自由出售；三是它具有商品的全部属性，并且在法律上具有完整的所有权。

2. “预售”的概念理解

“预售”则是相对于“现售”而言的。随着社会主义市场经济不断发展，房屋需求大于供给，加之人们生活水平及购买力的提高，房屋供求关系的矛盾更加突出。而房屋兴建耗时长、耗费高，开发商往往需要大量的资金才可以维持。在这种情况下，传统之“先建后售”方式便无法满足房

① 符启林：《房地产法》，法律出版社2004年版，第6页。

屋供需双方之需求。于是，“先售后建”或者“边建边售”的商品房预售制度应运而生[①]。

根据《城市商品房预售管理办法》规定，商品房预售是指房地产开发企业将正在建设中的房屋预先出售给承购人，由承购人支付定金或房价款的行为。据此，我们认为商品房预售本质上是一种民事法律行为，其法律属性如下所述：

（1）商品房预售关系中主体地位的不平等性

虽然在商品房预售这一民事法律关系中，房地产开发企业与承购人在法律形式上处于平等地位，但至少存在以下三种现实因素决定了他们之间主体地位上的实质不平等性：

① 房地产市场供求关系不平衡。商品房在物理形态上是房屋建筑物和建筑地块的统一体。其中，建筑地块的位置固定性和不可移动性决定了商品房不能像一般商品可以在全国范围内充分流动，而是就地区形成区域性市场供求关系[②]。在区域性市场上，商品房供应量因为土地资源及城市规划等条件的限制必然处于一定限度内，超越这一限度的需求一般情况下又难以轻易转向其他地区获得满足，由此极易形成房地产市场供求关系不平衡的局面。而商品房是人们实现居住生活的必要消费品，因而，承购人将不得不接受苛刻的交易条件。

② 交易方式的不对等性。如前所述，供不应求的市场给予了房地产开发企业在交易条件上更多的选择权，其中就包括商品房销售方式的选择。一般情形下，房地产开发企业通过商品房预售这一交易方式往往受益颇多，如融通资金、不用即时交付房屋等。在不考虑商品房预售方式能够增加住房总量而间接有益于承购人的情形下，仅以特定交易关系而言，承购人支付了相应对价，但获得的只是房地产开发企业的合约承诺。而预告登记虽然能确立预售合同对抗第三人的效力，但不能保全房地产开发建设失败情形下承购人之权益。因此，承购人所承受之负担与收益并不对等。

③ 信息不对称。房地产开发企业因为掌握开发建设全过程而拥有全部信息，但出于利己动机，并不一定会充分有效地公开信息。而在商品房预

① 符启林：《房地产法》，法律出版社2004年版，第8页。

② 钱瑛瑛：《房地产经济学》，同济大学出版社2008年版，第14页。

售中，承购人无法通过现场体验获取期房信息，也难以参与建设过程，在很大程度上不得不依赖于房地产开发企业，因而处于极为不利地位，有被房地产开发企业不诚信行为误导或欺诈之危险。

（2）商品房预售行为是一种远期交货行为

商品房预售合同成立时标的物尚在建设中，不能即时现实交付，但在合同成立时即已生效，其与一般买卖行为的不同仅在于履行期限的延后。学界通常认为，商品房预售行为是远期交货行为。远期交货行为是指当事人双方在合同中约定在将来的一定时间内交付标的物的交易行为。在远期交货行为中，买受人在合同成立时先交付部分或全部价金，而出卖人却在日后一定时间内移交标的物。与一般买卖行为相比，远期交货行为仅是在履行期限上有所区别，而在合同生效、价格确定及履行地点等方面并未存有差异。由此可见，商品房预售行为是一种远期交货行为。但商品房预售也有其特殊性，一般的远期交货行为的标的物在合同订立时要么即已存在要么不存在。而根据我国商品房预售法律规范，商品房预售以正在建设的房屋为标的物，难以归类于此。

（3）商品房预售市场风险性较强

商品房预售合同标的为"正在建设中的房屋"，习惯上也被称为期房，并非为确定的现实存在。期房的不确定性使承购人权益处于风险之中。

首先，房地产开发建设需要较长周期，而法律尚未规定预售期限，所以实践中预售合同生效至房屋交付往往少则一年，多则两三年。这一较长的履行期限在一般的法律关系中是相当少见的，也决定了商品房预售行为具有较强风险性。因为在此期间，种种相关因素的变化都会引发房地产开发建设失败的风险，例如住房信贷利率上调导致销量下跌以致不能筹集足够预售资金进行后期开发，规划政策的调整可能导致项目开发建设的终止，建材价格上涨导致房屋建设成本的提高，拖欠建筑工资引发的停工事件以及自然灾害的发生等等。承购人因此面临房屋延期交付甚至停工烂尾等现象发生的风险。

其次，期房因为正在建设，距离现实交付有一段时间差，为不良房地产企业提供了聚敛财富便利，如进行房屋重复预售、预售后再设抵押等。承购人因此也会面临不良房地产企业失德行为引发的合同不能履行之风险。

（4）商品房预售涉及的法律关系复杂

商品房开发建设涉及经济活动复杂，参与主体众多，由此产生多种民事法律关系，而且由于商品房建设活动对社会有较强影响，其活动各个环节都受到政府管制，由此也产生了相应的行政法律关系。商品房预售标的物正在建设中，其所牵涉的法律关系决定了承购人最后能否取得房屋实体及有效的产权。在民事法律关系方面，商品房预售除房地产开发企业与承购人间的商品房预售合同关系，围绕商品房预售标的物，还存在土地使用权出让合同法律关系，建筑商与房地产开发企业间就工程价款形成的债权关系不能清偿时而产生的法定抵押权关系，以及与承购人就预售标的物形成的优先受偿关系，同时还有房地产开发企业与融资机构间就土地使用权或在建工程形成的抵押借贷关系。上述法律关系间的利益冲突必然会影响承购人合同权益能否完全实现。在行政法律关系方面，规划许可、建设许可、施工许可、预售许可及竣工检查等一系列环节都决定了预售行为之有效性及房屋产权之取得，从而导致商品房预售行为不能履行或不能完全履行。

二、商品房预售相关概念辨析

1. 商品房预售形式

所谓预售就是在房地产未建成交付使用之前即将房屋出售，商品房预售的形式按交款额度划分有以下两种基本形式：

（1）全款预售

就是在项目未完工交付使用之前预收全部房款，其中又可以分为两种具体方式：第一种，在项目动工前就已将房款全部预收，这种方式大都是在预收款上给予优惠①；第二种，在建设过程中分阶段付款，在开工之前先付一部分款，在建设过程中再付余下部分。这种付款方式与房地产开发的进度、资金投入的时间阶段基本一致，也能基本上保证资金的供应。这

---

① 建设中的公寓、别墅、写字楼及外商投资的成片开发小区经常采取此种方式，预收全款对企业大有好处，保证了建设资金一次性全部到位，而且还可以获得资金暂时闲置的利息，不过这部分利息又以优惠的条件让渡给了客户。

种方式的关键在于首期付款的比例，首期付款越高，条件越优惠[①]。

（2）预收部分房款

预收部分房款就是在房屋建成之前，只预收全部房款的一部分，余下部分交付使用时或交付使用后的一定期限内付清。目前，我国的商品房建设按国家规定预收款应采用此方式[②]。

2. 现房销售

商品房销售形式多样化是市场经济发展进步的产物。随着社会经济的现代化发展，商品房销售形式也逐步向多样化发展，预售交易、期货交易、分期付款交易、抵押贷款交易等多种销售形式陆续产生和发展，而商品房现售也同时发展，两者是并存的。商品房销售形式的多样化，有利于方便消费者，有利于市场繁荣发展，有利于市场经济更好地为发展国民经济服务[③]。

与期房销售相比，现房销售主要有如下特征：

（1）销售标的所呈现状态不同。与期房销售不同，现房销售的标的物是真正意义上具有商品一切属性已建好的房屋。

（2）国家干预程度不同。由于现房销售的交易标的——房屋——已经成形，一定程度上抑制了房地产交易中过分投机、欺诈等违法行为，预购方最根本的合法权益得到了有效的保障。相对来说，政府干预行为较少，大多依靠市场机制进行调节。

（3）法律关系复杂程度不同。由于现房销售是一种即期交易的法律行为，其主要涉及的是开发商与预购方之间的买卖法律关系，相对来说较为简单。

（4）履行周期长短、市场风险负担的大小不同。现房销售的履行期限较短，交易当事人承担的市场风险较小。对于购房者，其在购买前能够了解商品房质量等问题，知情权得到最大程度实现；对于银行，由于现房销售提高了开发商自有资金的门槛，在一定程度上降低了开发企业对银行贷款的依赖，从而保证了银行资金的安全和减少金融风险发生的可能性。

① 有的企业为了能够尽快地销售出其房地产，在开工前，首期也可以只付10%的定金。

② 符启林：《商品房预售法律制度研究》，中国政法大学出版社2002年版，第44、45页。

③ 雷兰：《商品房预售法律问题研究》，知识产权出版社2007年版，第29页。

第二节 商品房预售制度起源及在我国内地的发展

一、商品房预售制度起源

1. 商品房预售制度起源

众所周知，商品房预售制度起源于香港，由香港立信置业公司于1954年首创。1953年的香港进入一个人口剧增时期，住房严重不足，形成对土地和楼宇的庞大需求。年仅30岁的香港商人霍英东先生凭其精明独到的眼光和胆识审时度势，在这一年成立了立信置业有限公司。他观察到当时的房地产开发企业都是整幢房屋出售的，从买地、规划、建楼以至收租，资金周转期很长，若周转不过来，房地产商就只好自己"跳楼"。于是他一改当时的现楼销售政策，提出了"预售商品房"，并提倡分期付款，推出楼宇"分层售卖、分期付款"的销售方式。投资者在签订合同时，一般先支付房屋总价款的10%～20%作为首期，待建筑物建成一半时，投资者再支付价款的30%～50%，到房屋建成时交付剩余的房款，便可以取得房屋的所有权。由于房屋是被分期分批预售给投资者的，就像飘落的花一样，因此，这种房屋销售方式被形象地称为"卖楼花"。随后其他地产商纷纷效仿，成为香港房地产市场的一大经营特色。1955—1965年的10年间，香港地产业蓬勃发展。霍英东因此赢得了"香港楼花之父"的称号，炒"楼花"也被外国人戏称为"中国人的第五大发明"，并迅速波及东南亚地区，之后很快传入中国内地①。

2. 香港商品房预售制度概况

香港的商品房预售制度涉及两个登记事项：一个是正式买卖合约的登记，另一个是产权转让契约的登记。根据《土地注册处同意方案》的要

---

① 杨承志：《"楼花"炒卖风险防范——商品房预售管理制度探析》，广东经济出版社2006年版，第3页。

求，所有的楼花买卖合约必须在签署后30天内到土地注册处登记。这一注册的目的是为了保护买受人。买卖双方签署产权转让契约之后，买方律师必须在1个月内到土地注册处办理登记手续。若买方因向银行借款而把楼宇抵押给银行，买方贷款银行的律师（可能也是买方代理律师）也必须将抵押契约提交土地注册处登记。

香港由于楼花买卖和按揭历史比较长，整个制度已经发展得比较完善，其中不乏很多风险防范措施，比如在楼花出售时，为保护小业主权益，政府和律师公会采取管制楼花的措施，发展商发售楼花的行为要受田土厅统一方案或者律师公会非田土厅统一方案的约束；实务中有一套详尽的楼花按揭契据的样式；按揭收益人的止赎权利受到法院的一系列的限制，以防止按揭受益人利用按揭低价购买押品。等等①。

不可否认，"卖楼花"是把双刃剑，一方面促进了香港经济的繁荣，另一方面也给经济的发展带来了很大的风险。例如"炒楼花"导致的房地产价格虚高，"按揭"制度不完善引发的金融风险，"烂尾楼"现象对预购方根本权益的侵犯，等等。尤其是2003年香港发生的"均来事件"，是预售制度形成50年来罕见的"烂尾"事件，它虽属个别事件，但也暴露了香港预售制度的不完善之处，预售制度因此受到香港公众的质疑。有人指出，楼花买卖对预购人保障不足，应予以禁止。反对者认为，如禁止楼花买卖，实在是一种倒退。笔者赞成后者之观点。事实上，房地产项目的发展，具有投资额大、开发期长的特点，楼花买卖有助于房地产开发商融通资金、降低成本，减少出现大型房地产开发商寡头垄断，购房者受益之处也颇多，实不应因噎废食。再者，香港预售房屋及其相关融资安排之监管制度，已经历半个世纪考验，一直行之有效。我们认为，现行的制度安排不存在根本性缺陷，只需贯彻落实下列各项建议措施，相信可以弥补现行制度之不足。

实际上，"均来事件"发生后，香港政府已成立工作小组探讨《土地注册处同意方案》。小组成员包括地产建设商会、消费者委员会、香港建筑师学会、香港测量师学会、香港律师会、香港银行公会、香港地产行政

---

① 周林彬、张永春：《中国大陆、香港与澳门商品房预售法律制度比较研究》，中山大学出版社2007年版，第7页。

学会、房屋及规划地政局、廉政公署及地政总署法律咨询及田土厅转易处等代表。在整体检讨未有结果前，地政总署法律咨询及田土厅转易处已于2003年8月21日向全体香港律师发出通知，建议推出修订预售楼花制度的"试验"指引，并率先推出4项新措施，包括：披露更多资料；更换或增加律师事务所；新增须通知买家事项；从监管账户内提款。

但是，笔者认为，以上4项新措施虽然在一定程度上有助于对楼款使用的监管，但对买家并没有实质性的帮助或者说并不合适：首先，第一项新措施，只是向买家略为披露多一些基本资料，该项措施本身并不能解决根本问题；第二项新措施，实际上是改变现行由开发商全权挑选律师事务所代理处理楼花的做法，加设了一道政府审批的行政措施；第三项新措施，只是强制要求开发商告知买家，在现行制度下买家已经享有的权利[①]，这并不能在根本上解决问题，此外有业内人士指出，香港的房地产项目至今未有申请延期完工而失败的例子，故该项措施实形同虚设；第四项措施，只是将现在实践上的一般惯常做法明文规定为强制性规定，实际上并没有给予买家更多保障[②]。

二、商品房预售制度的发展

商品房预售制度传入澳门后，得到了进一步的发展。对于商品房预售制度，澳门在法律移植过程中，将其定义为房地产开发商将正在建设中或者虽已建成但尚不完全具备交付条件和产权转移条件的房地产预先出售给买受人。由买受人根据预售合同的规定向发展商支付全部或部分房款。而发展商因为房地产尚未完成[③]，所以未能把房地产交付给买受人。因此，发展商所能做的就是承诺在某段时间内把房地产交付予买受人。

在澳门，并没有一套专门针对不动产预售的法律法规。根据现行澳门法律规定，买卖行为具有将标的物的物权转移给买受人的效力，由于标的物尚未存在，物权尚未发生，所以在澳门法律中，预售房产的买卖合同关系一般被界定为民法典中的"预约买卖合同关系"。因为在法律移植过程

① 按合同取消买卖交易的权利。

② 周林彬、张永春：《中国大陆、香港与澳门商品房预售法律制度比较研究》，中山大学出版社2007年版，第265～267页。

③ 至少未完全具备转移条件。

中，一方面考虑以买卖将来财产的合同作为其法律构成亦未尝不可，另一方面澳门买卖将来物的制度在缔结之时同样不产生任何物权效力，只有当标的物出现之时方会产生，而且该制度对于形式要件的规定并不清楚，因而会产生效力不稳定的问题，所以一般极少被应用。除此之外，买卖将来财产的合同与预约买卖合同的最大区别仅在于是否需要再作一次意思表示[①]，从实际操作的角度看，因不动产买卖必须以公证书为之，但在房地产尚未符合法律规定的情况下，不能进行公证转移物权，将来无论如何都需要重新作意思表示，所以将买卖关系视作买卖将来财产的合同并无实益。相反，将之视作预约合同则由于形式的要求较为宽松，所以有利于交易的迅速发生[②]。

在澳门，房地产预售大都采用预约合同。葡萄牙著名法学家瓦雷拉将预约合同定义为："预约合同是指一方或双方当事人有义务在一定期间内或特定前提条件成就后签订特定合同的协议。"预约合同之标的是一项积极事实行为之给付，即签订合同，只要该事实行为不违反法律、非自始不能，则该行为有效。所以，在澳门房地产预售并不需要事先取得任何许可，通常发展商取得工务局的图则之后，建一个示范单位给买方参观，接着就开始进行房地产预售了[③]。

作为预约合同，通常来说，其效力未及本约合同之标的，其仅在预约合同标的范围内约束双方当事人。也就是说，不动产买卖预约合同仅使得双方当事人负上一项签订不动产买卖本约合同的义务，而不会直接影响到相关不动产的权利状况。在承传了罗马—日耳曼法系严格区分物权与债权原则的澳门法律体系中，由于预约合同未能移转相关不动产物权，预约出售人仍然是相关不动产的所有权人，预约买受人所拥有的只是一项债权请求权[④]，这使得预约出售人掌握了很大的主动权，不利于保护预购人的根本合法权益。

---

① 澳门奉行合意主义原则。

② 周林彬、张永春：《中国大陆、香港与澳门商品房预售法律制度比较研究》，中山大学出版社 2007 年版，第 9 页。

③ 周林彬、张永春：《中国大陆、香港与澳门商品房预售法律制度比较研究》，中山大学出版社 2007 年版，第 10 页。

④ 请求预约出售人履行不动产买卖预约合同。

葡萄牙立法者为了解决这个问题，在不影响物权与债权效力区分的前提下，在1966年民法典中首次规定了不动产或需登记动产之转移或设定负担之预约可产生对抗第三人的效力①。

《澳门民法典》接受了这一条款，该法典第407条规定："就不动产或需登记动产之移转或设定负担之预约，双方当事人得通过明示之意思表示及有关登记之作出而给予该预约物权效力。"尽管法学界对该条所规定的"物权效力"有不同看法，但大都承认经登记之预约可以对抗第三人。

但是，这个在葡萄牙颇为成功的"具物权效力的预约合同"，在澳门并没有取得立法者所预期的效果。其主要基于两点：

一是该机制采用的"登记对抗原则"在澳门面临一个很大的问题——该预约合同无法取得登记。根据澳门物业登记制度，要赋予不动产买卖预约合同物权效力有一个前提，即该预约合同所描述之不动产必须存在标示登记，如果是分层单位则必须已经做出分层所有权登记。但确定分层所有权登记只有在相关建筑工程完工后才能取得，而不动产预售大多数是在相关工程没有完工前做出的。这就使得大多数不动产买卖预约合同都无法登记，亦不能取得所谓的"物权效力"。

二是只要预约买受人还没有取得相关不动产之交付，则预约合同的主要强迫履行手段——预约合同的特定执行——是可以通过意思表示来排除的。然而，在澳门房地产市场上，双方当事人签订的名为"临时买卖合约"，实为预约合同的文件中，大都规定："如卖方在收取定金后不依合约条款将该楼宇售予买方，则卖方除须退还所有买方已付之定金外，并须以同等数目之金额赔偿予买方，以弥补买方之损失，唯买方不可要求进一步赔偿逼使卖方履行此合约。"这个条款排除了预约买受人要求特定执行的权利。此时，即使该不动产买卖预约合同已经被赋予物权效力并做出了登记，但仍然不能请求特定执行，无法取得相关不动产的所有权，亦无法对抗第三人对该不动产的取得。

除此之外，关于预售款的监管问题，澳门的不动产买卖预约合同的标的是一项事实行为，预约买受人所购买的是"预约出售人同意将来签订本

① 之前的1867年民法典明确规定买卖的预约仅为事实给付的协议，且仅具有相对效力，即债权效力。

约合同的许诺”。这表明，在签订预约合同的时候，双方当事人的对等给付分别是价金与许诺，即预约买受人用特定价金购买预约出售人与其签订本约合同的许诺。许诺在签订预约合同之时已经做出，作为对等给付的价金当然也就属于预约出售人，我们没有任何理由也没有任何权利去限制预约出售人怎么处理他自己的财产。因此，在澳门，预售款是不受任何形式的监管的①。

三、商品房预售制度在我国内地的发展

1. 我国内地商品房预售制度历史沿革

我国内地商品房预售制度由香港借鉴而来。商品房预售制度的确立，与我国内地房地产市场的发展进程是紧密联系的。房地产开发的前身是改革开放初期的城市房屋“统代建”，即需要建房的单位按国家批准的建房计划，委托由政府组织成立的“统建办公室”统一规划、统一建设、统一结算，建设资金来自各建房单位。随着房屋商品化、土地有偿使用等制度的推行，各地“统建办”逐步演变为房地产开发企业，其服务对象也逐渐通过市场进行选择，但其开发建设资金除获得贷款外，主要仍然是购房者预付的购房款。商品房预售也逐步成为主要的销售方式。

第一阶段：1978 年政府提出加速住房建设之后，理论界开始提出住房商品化和土地产权性使用的观点。1978 年我国城镇人均住房使用面积已下降到历史最低点，低于 1949 年建国初期水平，出现了全国性的房荒，不得不加速城镇住房的建设以缓解城镇的房荒矛盾。

计划经济时代住房的建设主要是由当地政府的建委组织建设工作。用代建制的方式，由各购房单位按批准的建设计划和资金到统建办预订购住宅。城市统建办用预收的订购资金和部分银行贷款安排土地开发与住宅建设的工作，形成最初的住房预订购制度。

第二阶段：1980 年国家批准建设部主导成立了第一家城市开发公司——中国城市房屋开发总公司。该公司成为用市场化企业操作的试点，打开了住宅开发严重滞后的局面，同时北京的住房统建办公室挂牌改为北

① 周林彬、张永春：《中国大陆、香港与澳门商品房预售法律制度比较研究》，中山大学出版社 2007 年版，第 10～12 页。

京市城市开发总公司，由政府行政代建制改为企业操作方式，但仍执行计划预订购方式。

第三阶段：1982 年国务院批准在 4 个城市进行半商品化售房试点，拉开了住房市场化的序幕，但试点销售仍以预先按计划订购为主。

第四阶段：1984 年广东、重庆开始征收土地使用费，同时各城市下发了《城市土地房屋综合开发管理办法》，以及经批准允许住房困难的华侨可以用外汇购房，个人住房困难的经批准后允许购房。由于批准需要符合特定条件，所以购买对象仍受计划控制，计划成为了预订购的必要程序。这种方式延续至邓小平南方谈话之后才全面开放，尽管 14 个沿海城市和一些开放城市有了商品房可以对个人销售的试点，但全国计划审批制仍占主导地位。

第五阶段：1991 年土地有偿使用制度出台；1992 年房改全面启动，住房公积金制度全面推广；1993 年“安居工程”开始启动，房地产市场化首先以外销房开始自由买卖向所有人可以自由买卖推广。虽然 1993 年进行了调控，但面向个人的住房商品化市场已经开放，结束了个人住房购买的审批制和价格的审批制。1994 年建设部第 40 号令《城市商品房预售管理办法》出台。

第六阶段：1995 年开始实施的《中华人民共和国城市房地产管理法》将商品房预售制度以法律的方式予以确定。2001 年建设部第 95 号令《城市商品房预售管理办法》明确了相应的细则，使商品房预售制度成为市场经营核心管理制度之一。

第七阶段：1998 年的房改货币化分配和人民银行房地产信贷政策的调整，包括个人住房贷款实行优惠利率等相关措施，进一步促进了城镇居民的预期消费欲望和能力，使商品房预售成为商品房销售的主要方式。2004 年建设部再次修改了《城市商品房预售管理办法》。

第八阶段：2005 年 8 月 15 日，中国人民银行发布了《2004 年中国房地产金融报告》。该报告称，很多市场风险和交易问题都根源于商品房新房的预售制度，目前经营状况良好的房地产商已经积累了一定的实力，可以考虑取消现行的商品房预售制度，改期房销售为现房销售。此报告在房地产界和社会上产生了较大震动。8 月 24 日，建设部表示，国家近期不会取消商品房预售制度。

第九阶段：2010年4月，住房与城乡建设部发布《关于进一步加强房地产市场监管完善商品房预售制度有关问题的通知》，对商品房预售进行了进一步的规范①。

2. 我国内地商品房预售制度发展现状

据房地产行业统计报告指出，预售是当前中国房地产增量市场的主要销售形式。预售面积与现房销售面积在同期商品房销售面积中的比重分别为62%和38%。2005年1～9月，浙江温州地区预售比例高达95.88%，现房销售不足5%，为全国预售比例最高的地区，其次为深圳、广州、北京②。全国主要城市商品房预售比例普遍在80%以上，部分城市甚至达到90%以上。由此可见，从总体上看，预售的比重都高于现房销售。这主要基于商品房预售制度提高了资金的使用效率，降低了资金的使用成本，扩大了商品房的开发规模，提高了商品房的建设速度。另一方面，商品房预售价格一般较现房销售价格稍低，预售房相对现房销售有一定的价格优势，所以大量购房者易于选择购买预售商品房。

但是近几年来，商品房开发、交易过程中因预售而出现的问题呈现逐年增加的趋势。2006年12月，建设部通报的10个房地产交易违法违规案件中，就有3起是直接因预售而引起的③。商品房投诉中，涉及预售的投诉所占比重远高于其他方面，在房地产案件中，涉及预售的诉讼案件比例也远远高于其他方面，涉案标的额一般也比较高，社会影响大。因此，完善预售商品房监管法律法规和加强相关制约机制是关键。

四、我国内地与香港及澳门商品房预售制度之比较

借鉴香港、澳门地区的商品房预售制度，是完善中国内地商品房预售制度的一个重要途径，因此，以中国内地和香港、澳门地区的商品房预售制度的理论与实践为切入点，经过多层次的比较分析与评论，对于改革与

---

① 杨承志：《“楼花”炒卖风险防范——商品房预售管理制度探析》，广东经济出版社2006年版，第5～6页。

② 统计数据来自全国工商联住宅产业商会和中国城市房地产开发商策略联盟共同资助支持建立的Reico工作室发布的《2005年第三季度中国房地产市场报告》摘要。

③ 直接因预售引起的3起案件分别是：北京×××房地产开发有限公司违法预售商品房案、南昌市×××公司违法预售商品房案以及九江×××公司违规发布预售商品房广告案。

完善商品房预售制度、促进商品房预售市场的健康发展将产生积极的影响。

1. 商品房预售合同制度

尽管内地、香港、澳门对商品房预售合同的规定不尽相同，但都是从保护买受人合法权益这一目的出发来设计的。

(1) 我国内地

在内地民法中，当事人订立买卖合同并不导致标的物所有权的转移，要使标的物所有权转移，必须以物权行为来实现，动产为交付，不动产为登记，即使是商品房预售，在合同法理论上也不会产生矛盾。因此，当事人订立的商品房预售合同只为买受人设立了债权。但是为了保护买受人的债权，以避免"一物二卖"对买受人造成的损害，又设定了预告登记制度[①]，使买受人之债权具有对抗效力，也即"债权的物权化"。债权物权化以后，其在本质上仍是债权，只是通过一项制度上的安排使其具有了对抗效力。

(2) 香港

香港的商品房预售，双方当事人签订正式买卖合约后，于楼宇建成成为法定式产业后，还要通过产权转让契约来实现产权的转让。如果买卖合约符合法律规定的形式要件，一方违约后，另一方可以通过诉讼来追究对方的违约责任。从这个角度看，买受人的权利类似于债权，而这项债权针对的是物业。可见，买受人于买卖合约上的权利与内地商品房预售中买受人于预售合同上的性质较为接近，而与澳门的预约买受人的权利性质相差稍大。当然，英美法系上没有债权与物权的严格的概念区分，硬要套用这两个概念到香港商品房预售制度里是没有意义的。楼花的买卖合约必须在签订后30天内再到土地注册处注册，这一注册实际上也有一种公示的效果，至少在事实上可以起到保护买受人的作用，因为一个谨慎的第三人如果查阅到注册的事项，为避免纠纷和诉累，一般不会再与发展商就同一楼宇签订楼花买卖合约。

① 《中华人民共和国物权法》第20条第1款规定："当事人签订买卖房屋或者其他不动产物权的协议，为保障将来实现物权，按照约定可以向登记机构申请预告登记。预告登记后，未经预告登记的权利人同意，处分该不动产的，不发生物权效力。"

（3）澳门

在澳门，虽然民法上规定有将来物买卖制度，但是商品房的预售一般都不是以买卖将来物的合同为之，而是以预约合同为之。预约合同一方面在形式上比较自由，具有便捷性及较强的可操作性，另一方面又能起到在法律上延后物权转移的效果。预约买受人在预约合同上享有的权利也比较明确，应当是一项债权，不过这个债权与内地商品房预售合同上的债权不同，是一项请求对方当事人签订本约的债权，而本约能实现物权转移的效果。同样，基于债权的平等性，为了保护预约买受人的权利，澳门民法规定了一项赋予预约合同物权效力的制度，这一制度的作用与内地的预告登记制度是相同的，只是两者“物权化”的债权的内容有差异①。

2. 预售商品房抵押制度

按揭被引入我国内地房地产市场已10余年，它先由深圳建行在当地试行，之后逐渐在全国流行。这一制度是一个多赢的设计：缓解了房地产市场资金紧张的状况，扩大了房地产的销售市场，并带动相关行业。但是我们必须看到：按揭被引入我国内地，与其说是制度的引入，倒不如说仅是称谓的引入。因为我国内地的现房按揭依实际做法来看，并非真正意义上的按揭，而是有其特殊性的，其主要表现为：第一，它只让渡交换价值而非所有权益；第二，它适用担保登记和变价清偿，这两点与抵押完全相同；第三，担保期间它排斥适用抵押的某些重要规则，如它以按揭物的全部价值仅担保远比其自身价值低得多的借款债权②，而不能就超出部分对其他债权设定后次序的多重抵押。所以，仅按目前而论，我国内地所谓的现房按揭实际上是不存在的，而一般非专业人士对按揭的理解经常只是落在分期付款的层面。

（1）我国内地

商品房预售在我国内地发展历史不长，与商品房预售相伴而生的预售房抵押制度存在的问题还很多。就目前而言，预售抵押房与抵押预售房、抵押权与建设工程款优先受偿权、双重抵押权这三对问题相对比较典型，

---

① 周林彬、张永春：《中国大陆、香港与澳门商品房预售法律制度比较研究》，中山大学出版社2007年版，第64～65页。

② 随着分期清偿，债权额越来越少。

在现实生活中纠纷比较多，矛盾比较突出。

笔者认为，对于开发商预售抵押房而言，问题不在于杜绝这种现象，而是应当完善相关制度，如统一登记机关、监控建设资金、监管商品房预售流程等；对于开发商抵押预售房而言，则应当防范这种现象的发生，引入预告登记制度，借助预告登记的权利保全效力和预警效力规范商品房预售制度；对于银行抵押权与建设工程款优先受偿权之间的冲突而言，建设工程款应当优先于抵押权受偿，因为建设工程款的性质为优先权，法律直接规定其优先于一般债权受偿，而且针对存在于某一栋建筑工程上的债务而言，建设工程款往往只占一小部分的比例，该部分优先受偿并不能极大地影响银行利益；对于双重抵押而言，双重抵押并不会给预购人和承包人造成损害。依照前文提出的如何平衡预售商品房抵押中的抵押权与预购人的期待权和承包人的建设工程款优先受偿权之间的关系，在预售商品房双重抵押的情况下，后次序的抵押权与先次序的抵押权也同样可以适用上文有关预售商品房一次抵押时的结论，各抵押权并不因次序的不同而与期待权、优先受偿权之间的关系有异，因此允许预售商品房进行双重抵押并不会带来混乱。

（2）香港

香港地区自 1984 年 11 月以后，已无法定式按揭而均改为法定式抵押，笔者认为，这似乎不只是主要从结果上欲实现按揭人与受揭人的实体权利平衡，还应有简化担保结构方面的考虑。尽管英国也已从 1925 年的《财产法》起引进了登记和变价清偿制度，然而毕竟清偿前按揭物的所有权利属于受揭人，按揭人可占有、使用和收益，但不能法律上处分，限制了按揭物经济效益的发挥，香港地区干脆通盘改造，这一点对我们日后的物权立法不无借鉴意义。香港是我国商品房按揭制度的发源地，它的出现是为了缓解开发商建设资金短缺的局面，同时也是为了保障银行债权的实现，它与抵押制度有着异曲同工之妙。

在香港地区，预售商品房抵押可以分为法定抵押与公益抵押，按揭又可以分为法定按揭与公益按揭，这么多种类型的抵押制度与按揭制度很好地满足了现实的需要。不过实际上，在香港地区，适用更多的仍然是按揭制度，在建楼宇的抵押相对按揭而言则适用得比较少，其原因可能在于香港的按揭制度比较发达和完备，已经能够取代抵押制度的某些功能。我们在设计预售商品房的抵押制度时，可以将香港地区按揭制度中的许多先进的制度借鉴过来。

(3) 澳门

我国澳门地区预售商品房抵押制度相比香港而言在实践当中运用得多一些，上文已经指出，香港地区主要运用按揭制度来保障银行债权之实现，而澳门地区则主要运用抵押制度。澳门地区预售商品房抵押制度比较完备，并且澳门政府为了完善其制度，还专门制定了《不动产的转让预约与抵押预约》，其中的"三方约"制度更是对预售商品房抵押制度进行了有益的补充和强化，这些都值得我们借鉴。

不过实际上，在澳门地区预售商品房抵押制度的实践中，也存在着各种各样的问题，诸如有些开发商滥用抵押制度，在设定抵押后将其所得的贷款不用于在建楼宇的继续建设上，而是用于其他的投资活动或用以偿还另外的贷款，最终导致工程款项、工人工资无法支付，贷款不能如期偿还，这种专款不能专用的现象比较严重，我们在借鉴澳门预售商品房抵押制度的优点的同时应当对其缺点有所认识①。

3. 商品房预售制度完善

目前，就各个国家或地区商品房预售中出现的问题而言，并不是预售制度本身造成的。商品房预售过程中存在的弊端完全可以通过预售制度的完善来消除，而不是彻底取消预售制度来解决。

(1) 我国内地：完善预售制度的关键在于强化监管

完善中国内地的商品房预售监管法律制度，需从制度入手，从预售资金的监管、预售信息的披露、改善政府的职能等监管方面寻找突破口。

第一，以预售资金为监管核心。预售资金的合理与合法使用，从根本上保证了购房人的利益。如果开发商能够以其他措施，如资金运用等来保证其开发实力，那么，通过激烈的价格竞争促使商品房市场的优胜劣汰，实现市场资源的优化组合，这正是市场经济的优势所在，对中国商品房市场的健康发展也是有益的。

第二，完善预售信息披露制度。向社会公开开发商和开发项目的信息

① 周林彬、张永春：《中国大陆、香港与澳门商品房预售法律制度比较研究》，中山大学出版社 2007 年版，第 15～158 页。

越多，越能帮助购房消费者正确选择开发商与在建商品房，越能减少信息不对称形成的市场失灵所造成的经济损失。同时，定期向社会公开开发商的信息，便于社会各单位和个人了解公司的经营状况，通过社会的力量强化对公司的监督，有利于公司加强自律，减少非理性的竞争行为。

第三，增加监管透明度，杜绝暗箱操作。一方面，必须赋予一定的监管机构独立自主的执法权，通过法律法规对监管部门的职责和权限进行规定，防止地方政府和其他部门的监管；另一方面，必须大力加强监管主体的队伍建设，加强监管人员的专业培训，提高监管的专业水平，进一步完善房地产监管的组织机构及运作机制，逐步建立起一个完善的房地产监管网络。同时要增强监管法规的透明度，减少监管部门的“暗箱”操作行为。

第四，规范政府行为，防止政府失灵。政府对房地产市场进行有效监管的前提是政府完全理性和具有完全信息。完全理性是指政府的监管行为完全是为了公共利益最大化，完全信息是指政府对监管的范围、时机、成本、收益等十分了解，对自身的状况及市场的情况完全清楚，拥有监管市场所需的足够的知识和信息。相比于香港，在内地，政府对市场的监管存在着大量的“政府失灵”现象，并且在某些领域，“政府失灵”导致的某些后果比当初所希望矫正的“市场失灵”更糟。“政府失灵”的存在要求政府在监管商品房预售市场时，必须加强自身建设，规范自身行为，政府的行为同样必须受到法律的约束、社会的监督、制度的规范①。

(2) 香港：落实监管措施以弥补制度不足

香港预售房屋及其相关融资安排之监管制度，已经历半个多世纪考验，一直行之有效。笔者认为，现行的制度安排并不存在根本性缺陷，只需贯彻落实下列各项建议措施，相信可以弥补现行制度之不足。

如果负责监管楼款的律师或负责出具工程款证明的建筑师没有出现欺诈、不当行为或疏忽的情况，各有关方所面对的只是一般正常的市场风险。但是，有关律师或建筑师出现欺诈、不当行为或疏忽的情况，有关各方都有遭受重大损失之虞，尤其对于办理了预购抵押贷款的预购人极为不

① 周林彬、张永春：《中国大陆、香港与澳门商品房预售法律制度比较研究》，中山大学出版社 2007 年版，第 270 ~ 277 页。

利。因此，作为专业人士的律师及建筑师的操守至关重要，建议采取如下措施，以避免或降低律师及建筑师出现操作问题：一是律师及建筑师必须以宣誓形式清楚详细申报任何与开发商的利益关系，任何失实声明，均按照香港的《宣誓及声明条例》视为刑事罪行。二是工程贷款银行采取以下保险措施：负责监管楼款的律师必须是工程贷款银行核准的律师；负责监管楼款的律师必须将楼款存于在工程贷款银行开立的账户，这样，银行便可监察款项的进出情况；所有从楼款监管账户划拨给开发商的款项，必须存放在于工程贷款银行开立的账户，而且该账户内之款项必须抵押给工程贷款银行；负责出具工程款证明的建筑师必须是工程贷款银行核准的建筑师。银行也可要求开发商聘请经银行核准的测量师复核建筑师出具的证明①。

（3）澳门：完善预售制度应以预约合同为突破口

第一，预约合同的登记。预约合同一般只具有债的性质，相关的权利义务只会在双方当事人之间产生效力，并不会对第三人产生效力。换言之，预约合同仅仅产生给付义务，仅仅赋予债权人请求缔结本约买卖合同的请求权。因此，楼花出卖人可针对同一标的物与多名不同的买受人订立预约买卖合同。所以，如果能对一般仅具债的性质的预约合同赋予物权效力，理应可使楼花买受人的权利得到更大的保障。事实上，澳门现时的确有一套具有物权效力的预约合同制度，根据《澳门民法典》第407条的规定，就不动产或须登记之动产转让的预约合同，双方当事人可通过明示的意思表示赋予物权效力，该预约合同应以经认证的文书作出，且在登记后方可产生对抗第三人的效力。显然，如在楼花买卖中赋予预约合同具有物权效力并作出登记，一旦楼宇建成后，对于保障买受人取得单位的确能起到一定的作用。但是在实际操作过程当中，却存在两个现实问题：一是客观条件的限制令预约买受人无法办理登记，即按照《物业登记法典》第43条第5款的规定，只有在完成了设定分层所有权的临时登记后，有关的独立单位才被设定，这时候才可以对这些独立单位的法律事实进行登记；二是在澳门办理物业登记的过程中，每一项登陆均需独立收费，当中涉及手

① 周林彬、张永春：《中国大陆、香港与澳门商品房预售法律制度比较研究》，中山大学出版社2007年版，第278页。

续费、登记费及印花税的缴纳，使得买受人不愿办理登记。针对第一种情况，应考虑对开始发售楼花的时间作出限制，至少应要求发展商须在完成有关楼宇的设定分层所有权临时登记之后，才可以售卖楼花，以保证买受人可以就预约合同进行登记；针对第二种情况，可考虑减少买受人登记成本，从而促使其选择为预约合同办理登记，以保障其自身权益。

第二，预约合同的内容。一般来说，在楼花买卖中常常发生的纷争多涉及面积、结构、周边环境及配套设施等事项，由于标的物为将来物，买受人在预购时根本无法作出任何检查或评估其可能产生的问题。所以，一份内容详尽的合同将有助于减少纷争的发生、保障买受人根本合法权益。笔者认为，楼花买卖合同的内容至少应包括交易双方的身份数据、分层所有权临时登记编号、单位面积、装修标准、附属设备、室外设施、付款方式、预计竣工交付日期、单位面积出现误差的处理方式、违约责任等条款，以便明确预售交易双方的权利和义务，使双方的权益得到充分保障。另外，对于发展商所提供的广告或售楼说明书的内容亦应设定一些限制，禁止发展商作出欺骗消费者或夸大失实的描述，对此也可考虑采用行业指引，甚至是由法律作出规范①。

五、我国内地商品房预售制度存废之争

商品房预售许可制度的确立是与我国商品房预售市场之发展紧密联系的。商品房预售，又称期房预售、楼花预售，即房地产开发企业将尚未建成的房屋预先出售给购房者，由购房者支付定金或房价款。该制度最早产生于香港，后为我国内地的经济特区、沿海开放城市和其他内陆地区所借鉴，为房地产开发商所广泛运用②。当时这一制度在内地的应用，其背后有着深刻的经济历史原因。由于“文革”的破坏性作用，到 1978 年我国城镇人均住房面积已下降到历史最低点，出现了全国性的“房荒”，加速城镇住房建设以缓解住房供不应求的矛盾成为当务之急③。加之于当时住房制度处于由福利分房的计划经济向房地产市场化的转变初期，房地产开

① 周林彬、张永春：《中国大陆、香港与澳门商品房预售法律制度比较研究》，中山大学出版社 2007 年版，第 279 ~ 281 页。

② 符启林：《商品房预售法律制度研究》，中国政法大学出版社 2002 年版，第 40 页。

③ 李珊珊：《我国商品房预售制度的存废》，《沿海企业与科技》2007 年第 5 期，第 57 页。

发企业的数量稀少和资金力量薄弱，尚未形成有效的房地产市场。在此阶段，商品房预售制度运用的重要意义在于尽快培育我国房地产市场，满足居者有其屋的社会需求。因为商品房预售制度的融资功能可以有效解决房地产开发中先期资金投入问题，从而降低房地产开发企业的进入门槛，增加商品房供应量，满足迅速增长的市场。此外，商品房预售制度在之后的发展中，也显现出如下的更多优势：

（1）提高房地产资金使用效率。预售使房地产开发企业能够用较低的成本，筹集购房者的资金集中利用，提高社会资源的总体利用效率。根据测算，以预售方式进行销售的项目，比以现售方式销售的项目，其资金回收周期要缩短10个多月①。

（2）降低交易费用。预售资金的收入使得房地产开发企业免去了就此等量资金向融资机构借贷所产生的交易费用。

（3）期房价格的优惠。由于前两项条件的存在，房地产开发企业的项目开发成本降低，因此期房价格一般低于现房价格10%～15%②。同时也是对购房人因提前支付价款所失去的获利机会的补偿。

（4）规避销售风险。提前销售商品房可以避免因市场行情变化发生的销量萎缩、房价下跌的风险。对于购房人则表现为预防房价上升的风险。

与此同时，商品房预售制度的弊端却也如影随形，表现为：

（1）造成房地产行业恶性膨胀③。商品房预售制度降低了进入门槛，使得众多实力明显不足的企业跻身其中，希望“以小博大、空手套白狼”的心理预期导致了他们在土地市场上的过度投机，导致地价高企。而这些企业在通过商品房预售制度提供的机会经营房地产开发建设的同时，由于土地资源稀缺性、区位不可移动性及产品差异性④的市场优势，仍能以粗放经营获取利益，导致整个行业在优胜劣汰机制上一定程度的失效，从而形成恶性膨胀的局面。

（2）构成对金融安全的威胁。我国融资渠道单一，房地产开发建设资金主要依赖银行贷款。相当一部分房地产开发企业通过工程贷款、按揭、

① 部智贤：《循序渐进取消预售是出路》，《城市开发》2005年第11期，第46页。

② 杜宇：《如何看待商品房预售制度利弊》，http：//qol. qdc. com. cn，（2010年4月10日）。

③ 何丹、雷琼芳：《重构商品房预售的探讨》，《长江大学学报》2007年第10期，第76页。

④ 钱瑛瑛：《房地产经济学》，同济大学出版社2008年版，第15页。

流动资金贷款及其他金融工具，将项目开发的资金任务转嫁到银行的负担上[①]。而商品房预售制度一方面因为行业恶性膨胀，众多企业的实力不足性，另一方面因为商品房建设存在“烂尾”的风险，导致大量银行债务有不能清偿之风险。

（3）损害交易安全。商品房预售的风险正在于标的物的不确定性，其中包括了物理状况上和权利状况上的不确定性。部分房地产开发企业基于自身利益最大化的动机，利用期房的不确定性，在市场交易中进行虚假承诺、擅自变更设计、重复销售、售后抵押等市场失德行为，损害交易安全。

由此，围绕商品房预售制度利弊展开了商品房存废之争。2005 年 8 月 15 日，中国人民银行在《2004 年中国房地产金融报告》中提出，很多市场风险和交易问题都源于商品房新房的预售制度，目前经营良好的房地产开发商已经积累了一定实力，可以建议取消现行的房屋预售制度，改期房销售为现房销售。而同年 8 月 24 日，国家建设部明确表态：国家近期不会制定中国人民银行报告所建议的“取消商品房预售制度”的政策[②]。但 2010 年 4 月 20 日，住房和城乡建设部在发布的《关于进一步加强房地产市场监管完善商品住房预售制度有关问题的通知》中提出鼓励推行商品住房现售试点。而广西壮族自治区住房和城乡建设厅早在今年 1 月 25 日对外宣布，将在年内选择南宁作为取消商品房预售的试点。

商品房预售将来之发展无疑仍存在极大变数。但就近期态势而言，我们认为以下两种因素使得商品房预售制度仍有存在的必要性：

其一为房地产市场融资体制的限制。除银行信贷外，我国目前房地产融资方式主要为上市融资、债券融资和信托投资[③]。在上市融资方面，由于国家出于证券安全考虑采取了严格审批和监管，如股份公司必须设立满三年后才能申请首发上市……要求发行人的业务、管理层最近三年不能发生重大变化。而多数房地产开发企业难以达到此要求。数据显示，截止到

① 宋庭敏：《我国商品房预售制度发展研究》，《财经问题研究》2006 第 1 期，第 49 页。

② 周林彬、张永春：《中国大陆、香港与澳门商品房预售法律制度比较研究》，中山大学出版社 2007 年版，第 16 页。

③ 孙瑞娟：《对我国房地产业融资问题研究》，中国海洋大学硕士论文，2009 年，第 10 页。

2008 年年底，我国境内上市的房地产公司仅有 62 家，占全部房地产开发企业的 0.1%[①]。在债券融资方面，由于对发行债券主体有严格的要求，只有国有独资公司、上市公司、两个国有投资主体设立的有限责任公司才有资格，需要委托证券公司发行，对企业资产负债率、资本金及担保等都有严格的限制，因此绝大多数房地产开发企业难以涉足[②]。信托投资曾被誉为房地产市场融资体制发展的新方向，但由于我国目前的《资金信托管理办法》对资金信托规模有 200 份的限制，而一个房地产项目往往需要一两个亿的资金，受制于其 200 份限制，单笔金额就比较大，造成融资困难，在一定程度上限制了房地产企业采用房地产投资信托这种融资方式[③]。上述融资方式的限制使得房地产市场融资渠道单一化，严重依赖银行。同时，根据《中国房地产统计年鉴·2008》，定金和预付款在 2007 年房地产开发投资资金来源中占有 25% 的比例。在没有成熟的融资体制支持下，短期内全面取消商品房预售，会对房地产市场造成沉重打击，而且进一步加剧房地产开发企业对银行信贷的依赖。

其二为现有制度安排导致的路径依赖，短期内难以消除。路径依赖是指制度本身存在自我强化的机制，使得其一旦走上某一条路径，就会在既定方向上不断强化[④]。商品房预售制度的广泛运用不仅使其本身得以强化，同时影响了与之关联的其他制度安排。首先，由于房地产开发企业在其中受益最大，因此绝大多数开发企业无论自身实力多么雄厚，都采取了预售方式，并在此种前提下进行资金安排，一旦全面取消预售制度必会造成资金链断裂，出现大量工程停工和楼盘烂尾现象，甚至因此造成企业破产。其次，受房地产开发企业工程停工、楼盘烂尾及破产等现象之影响，购房人利益必会因此受损。而且在房地产开发企业 60% 左右资金来源于银行的情形下[⑤]，其在开发经营上的失败也会影响对银行债务的清偿，威胁金融安全。最后，由于房地产目前融资体制的限制，难以补足市场因预售制度退出而缺失的融资功能。商品房现售短期内可能因缺乏融资支持而供应不

① 孙瑞娟：《对我国房地产业融资问题研究》，中国海洋大学硕士论文，2009 年，第 15 页。
② 孙瑞娟：《对我国房地产业融资问题研究》，中国海洋大学硕士论文，2009 年，第 18 页。
③ 孙瑞娟：《对我国房地产业融资问题研究》，中国海洋大学硕士论文，2009 年，第 22 页。
④ 周林彬等：《法律经济学：中国的理论与实践》，北京大学出版社 2008 年版，第 278 页。
⑤ 宋庭敏：《我国商品房预售制度发展研究》，《财经问题研究》2006 年第 1 期，第 48 页。

足，推动房价上升。

因此，笔者认为商品房预售制度无论将来是否会因为社会经济条件的变化而退出市场，但在目前相关条件都未成熟的情形下，仍然有存在的必要性。基于此，笔者认为目前应当通过完善相关的监管制度消除商品房预售制度的弊端，而非将其彻底废弃。作为规制商品房预售市场准入的制度，商品房预售许可制度具有较强的行政干预效应，是政府管理商品房预售市场强有力的工具，对于补足我国相对薄弱的社会力量，制衡房地产开发企业的任意行为效用显著。而且其他监管制度中诸如预售资金监管制度及预售管理合同制度在实践应用中都深受其影响，因此，研究我国商品房预售许可制度并予以完善，对于消除商品房预售制度弊端有着重要的现实意义。

第二章　商品房预售认购书的法律效力

第一节　商品房预售认购书效力的争论

在商品房预售认购书的实践中一般分为两类：一类是内部认购书，一类是外部认购书。前者是开发商在商品房开发项目还未取得商品房预售许可证之前就开始向有意向认购房屋的人预先销售房屋并签订预售认购书的做法；后者则是开发商在取得了商品房预售许可证之后公开向社会销售房屋时与购房者签订购房协议的行为。一般在商品房预售实践中，外部认购可以说就是预售，开发商与购房者签订的就是正式的预售合同，实务界和学界对这类合同的性质以及法律效力一般无争议，而对内部认购书的性质、法律效力却一直很模糊，各家观点不同，众说纷纭。本书所提预售认购书是指第一类情形。

对于商品房认购书的效力问题，在理论和实务中有着各种不同的观点。

第一种观点认为，商品房认购书仅载明认购人的认购意向和谈判立场，双方之间并未成立合同，不具有法律上的约束力。

第二种观点认为，商品房认购书是商品房预售合同的补充协议，不是独立合同，而是商品房预售合同的从合同①。

第三种观点认为，商品房认购书本身即为商品房预售合同。因为双方当事人在平等自愿的基础上签订了商品房认购书，从程序、形式、内容上看，都已符合合同的成立要件，依认购书所确定的条款房屋买卖完全可以

① 王崇能：《论商品房认购书的法律意义》，《福建工程学院学报》2003 年第 3 期。

实现，其实质就是商品房预售合同。日后签订的商品房预售合同不过是对商品房认购书的补充和确认，如果日后未签订商品房预售合同，则商品房认购书内容缺失部分可按有关法律规定与交易习惯进行填补[①]。

第四种观点认为，商品房认购书是附条件的商品房预售合同。因为商品房买卖双方在签订商品房认购书时，开发商往往还未取得商品房预售许可证，双方约定在条件成熟时再签订商品房预售合同，故商品房认购书性质应为附条件的商品房预售合同，其实质是等到商品房认购书约定的条件成熟时商品房预售合同才生效[②]。

第五种观点认为，商品房认购书是商品房买卖的预约合同。商品房买卖双方在签订商品房认购书时，商品房买卖行为尚未发生，签订商品房认购书属于商品房买卖前契约阶段实施的民事行为，即使双方当事人履行了商品房认购书，仍需双方另行签订商品房预售合同或现房买卖合同，才能实现商品房买卖合同的缔约目的[③]。

综合分析上述多家观点可以看出，尽管各家对商品房预售认购书的界定众说纷纭，但归结起来，共同的观点就是大家都认为预售认购书是一种合同。只是对于这样一种合同有的认为是具有法律效力，而有的则认为不具有法律效力。那么商品房预售中的认购书到底是什么性质的文书，法律效力如何呢？明晰这些问题对解决因为认购书产生的纠纷有重大影响和意义。

第二节　商品房预售认购书的法律效力

我们讨论的预售认购书主要是讨论内部认购情况下双方签订合约的情况。既然预售认购书是一种合同，那它必然对当事人双方都产生一定的约束力。然而，由于内部认购是开发商在取得预售许可证的情况下进行的，所以学界与实务界对预售认购书是否具有法律效力存在很大争议。

---

① 最高人民法院民一庭编著：《最高人民法院关于审理商品房买卖合同纠纷案件司法解释的理解与适用》，人民法院出版社 2003 年版，第 54 页。

② 王崇能：《论商品房认购书的法律意义》，《福建工程学院学报》2003 年第 3 期。

③ 最高人民法院民一庭编著：《最高人民法院关于审理商品房买卖合同纠纷案件司法解释的理解与适用》，人民法院出版社 2003 年版，第 55 页。

一、从合同自由原则看预售认购书的法律效力

合同自由原则（the Doctrine of Freedom of Contract），最早起源于罗马法的契约自由思想，这一思想并没有随着罗马帝国的灭亡而成为历史陈迹，反而伴随着资本主义的兴起获得了极大的发展。

契约自由在西方被认为是最能体现市场经济运行规律的法律原则之一，是私法自治思想的核心反映。它与私有财产神圣不可侵犯、过错责任原则共同构成近代西方国家司法的三大原则。我国《合同法》第 4 条规定："当事人依法享有自愿订立合同的权利，任何单位和个人不得非法干预。"这一条款虽然贯彻了合同自由的思想，但并未明确使用"合同自由"概念，实属一大缺憾。合同自由原则表明合同是以当事人相互之间的协议为基础的，而且合同的缔结不受任何外部力量的控制和干预，是当事人自由选择的结果①。

一般认为，合同自由或者契约自由原则的内涵包括以下几个方面：

一为缔结合同的自由。这是指当事人有权决定是否订立合同，合同主体不再是少数人的特权，身份不可能再成为限制人们的合同主体资格的理由，除非当事人自身的行为能力有限。这是合同自由其他方面内容的前提和基础，如果当事人没有此项自由，就谈不上以下其他方面的自由。

二为选择相对人的自由。这是指当事人有权自由选择与谁缔结合同，同时也有不与某个特定的人缔结合同的义务。也就是说，任何人都可以作为合同的主体而享有与他人缔结合同的权利。

三为合同内容的自由。这是指当事人可以自由选择确定合同的条款，设定彼此的权利义务，但这种自由选择不能违背法律的强制性规定，否则合同将归于无效。《合同法》第 12 条以"一般包括"的用语，规定了合同的内容，包括：当事人的名称或者姓名和住所；标的；数量；质量；价款或者报酬；履行期限、地点和方式；违约责任；解决争议的方法等。此条款并没有对合同内容做强制性的规定，而强调了合同的内容可以由当事人约定，尊重了当事人订立合同内容的自由。

四为合同方式的自由。对于合同方式的选择，无论是口头形式还是书

① ［英］P. S. 阿蒂亚：《合同法概论》（程正康等译），法律出版社 1982 年版，第 5 页。

面形式，当事人可以自由约定，法律没有做确定的规定，只对少数特殊合同有例外规定。

五为合同变更、解除的自由。《合同法》第 77 条规定：当事人协商一致，可以变更合同。《合同法》第 93 条规定：当事人协商一致，可以解除合同。这两条说明了法律尊重和保护当事人变更和解除合同的自由。在合同成立后，当事人仍然可以根据合同履行过程中的情况变更，协商变更合同内容或解除合同。但要注意的是，这种自由都不是哪一方当事人可以决定的，必须经过双方的协商一致才可行。

综合上述五个方面，尊重当事人的意思表示始终是合同自由原则的核心。离开了这个核心，任何合同都是无效，不能成立的。因此合同效力与合同自由并不是对立的概念，而是有着密切的联系。

1. 合同自由对合同效力的意义

合同自由是合同效力的前提。由于合同是自由的，是每个人自主选择的结果，是按照自己的意愿订立的，所以合同具有拘束力也就是自己对自己的约束，自己尊重自己的意愿。不受合同约束等于自己破坏自己的自由。换句话说，因为自己在与他人的关系中作出了自由的决定，就应该履行自己的诺言，受自己诺言的约束，否则就会失信于自己。从这个意义上说，合同的约束与其说是来自法律的约束，不如更适合说是来自自己的约束。

2. 合同效力对合同自由的意义

合同的约束力源于合同自由，而合同自由的实现又有赖于严格的合同拘束力。首先，合同效力从法律效力的角度肯定了合同自由。由于合同被赋予了法律的效力，使得合同受到普遍的尊重和遵守，也就使得合同自由得到普遍的认可与尊重。其次，合同效力使得国家以其强制力为后盾保证当事人之间的合同得以遵守，使每一个具体的合同当事人深知合同订立以后的法律与道德责任，意识到履约或毁约将遭受严重后果，从而使具体合同得以实现。再次，合同效力所产生的严格的违约责任制度，是对合同自由的最后保障。若没有这一违约责任制度，就会使人们产生侥幸心理，使合同效力受损，危及合同自由的实现①。

因此，合同自由原则对合同效力具有很大影响力，那么作为一种合同形式的预售认购书，就具备合同所具有的全部共性，并受到合同自由原则的约束。预售认购书应当是预售认购的双方根据自己的意愿，自由选择了对方作为签订认购书的主体，以及订立的方式，并在双方协商一致的基础上约定了认购书的内容。因此，在合同自由原则下订立的认购书完全符合法律对合同的规定，其就应当具有法律效力，这一点是不能否认的。

但是，由于预售认购书一般是商品房预售方在取得预售许可证书之前向认购方发起的预约购房行为，一般称为内部认购行为。《最高人民法院关于审理商品房买卖合同纠纷案件适用法律若干问题的解释》第 2 条规定：出卖人未取得商品房预售许可证明，与买受人订立的商品房预售合同，应当认定无效，但是在起诉前取得商品房预售许可证明的，可以认定有效。这一条款仅仅规定了没有取得预售许可证的预售合同是无效的，并没有明确规定预售方在未取得预售许可证，与认购人在双方自愿协商一致情况下签订的预售认购书的法律效力。有学界和实务界的观点认为，这种内部认购行为由于缺乏法定的预售许可证而归于无效，是非法的。

笔者认为，预售认购书的存在具有其合理性。从上述《合同法》的理论分析中我们可以看出，合同自由原则赋予了预售认购书生存的空间和理由。认购书的双方主体，合同的缔结、方式、内容、变更以及解除，完全是预售方与认购方在自由意志支配下协商一致达成的，符合合同的各项构成要件。另外，作为无名合同，认购书并没有特殊的合同成立要件。从这个意义上说，预售方与认购方一旦签订认购书，其即告成立，具有合同的一般法律效力，受到《合同法》的保护和约束。不能因为司法解释的模糊而否定其法律效力。

再者，从哲学的角度看，存在即合理。既然这种现象出现，就有其存在的合理性，有其发展的基础，是顺应时代发展的需要而产生的，不可因为无法律明文规定或规定的模糊就一概否定之。更何况法律是社会经济发展到一定阶段的产物，作为国家制定和认可的法律本身就具有滞后性，不能及时反映社会发展的需要，一般只有在社会需要发展到不能不用法律规

① 李仁玉等：《合同效力研究》，北京大学出版社 2006 年版，第 26 ~ 27 页。

范、亟须法律规范的情况下，法律才会缓慢的出现。刚开始时还不系统，也不完善，而是在规范的过程中慢慢的反复实践检验，最终才趋于完善的。那么预售认购书作为一种新兴的社会现象出现，反映了一定的社会需求，而且这种需求还在不断增长。我们应当去认识它，而不是一概否认之。

二、从行政许可角度看商品房预售认购书的效力

《中华人民共和国城市房地产管理法》第45条规定，商品房预售必须具备“三证一投资”的条件；《最高人民法院关于审理商品房买卖合同纠纷案件适用法律若干问题的解释》第2条中规定，未取得商品房预售许可证明而订立的预售合同是无效的。虽然以上这两项对商品房预售制度的规范前者是基于经济法的角度，后者是基于民法中合同法的角度，但两者在实践中都必须依靠行政机关尤其是房产管理部门的具体操作执行。

在《城市房地产管理法》的第45条中，无论是土地使用权证书的取得，建设工程规划许可证的取得，还是预售许可证明的取得，开发商都要向行政机关的房产管理部门申请，在符合条件的情况下，土地管理部门、建设规划部门、房产管理部门就会依法颁发许可证明。行政机关的这些具体行政行为是否合法合理，是否严格依照法律程序进行都对预售的合法性产生重大影响，会损坏作为行政相对人的开发商以及作为行政相关人的预购方的信赖保护利益。

因此，行政机关依法对商品房预售制度的监管是否到位，是否合法合理都会影响预售合同的有效性。对于作为商品房预售合同的预约行为——认购书的有效性，目前虽然没有具体的法律法规对此予以规范，但是，笔者认为，不能完全以现有的对预售制度的规定来规范认购书的行为。行政机关在具体的行政行为中，也不可盲目地一概否定认购书的效力。既然认购书是平等的民事主体之间的约定，也就没有涉及行政机关与行政相对人这类不平等主体之间的法律关系，并没有触犯任何行政法律法规。

《行政许可法》的第13条中规定了4种可以不设定行政许可的情形：(1) 公民、法人或者其他组织能够自主决定的；(2) 市场竞争机制能够有效调节的；(3) 行业组织或者中介机构能够自律管理的；(4) 行政机关采用事后监督等其他行政管理方式能够解决的。

可以说，预售认购书就是其中第一点和最后一点的体现，是属于平等主体之间能够自主决定，也是行政机关可以通过事后监督方式管理好的，因此，无需设定行政许可，预售认购书是一种具有民法上法律效力的合同形式。

三、认购书中的定金的性质以及由此引起的问题

在我国的各项法律中，只有《担保法》中明确规定了定金，因此，担保合同中的定金无疑都应当具有担保的性质。然而，从上述的论证中可以得出，商品房预售认购书不是预售合同的担保合同，而是一种预约合同。既然不是担保合同，那么预售认购书中的定金是何性质呢？

1. 定金的性质

《担保法》上的定金从学理上来讲，其性质大致可以分为5类：（1）成约定金，指作为合同成立要件的定金。（2）证约定金，指以定金作为订立合同的证据，证明合同的订立。（3）违约定金，指作为担保合同履行的定金，如果交付定金一方不履行合同，就会丧失定金；若收取定金一方不履行合同，则要双倍返还定金。显然这种定金是具有惩罚性的。（4）解约定金，指作为保留解除权的代价的定金，即交付定金的一方可以丧失定金为代价而解除合同，收受定金的一方可以双倍返还定金为代价而解除合同。（5）立约定金，指当事人双方此时并未订立合同，而以定金保证在将来缔结正式合同。

2. 认购书中的定金的性质及作用

我国《担保法》第89条规定：当事人可以约定一方向对方给付定金作为债权的担保。债务人履行债务后，定金应当抵作价款或者收回。给付定金的一方不履行约定的债务的，无权要求返还定金；收受定金的一方不履行约定的债务的，应当双倍返还定金。根据这一条款可以看出，我国《担保法》中的定金不具有证约或是解约、成约的性质，而是具有惩罚性的违约定金的性质。从这一点上看，认购书中的定金与《担保法》上定金的性质很相似，但要注意这两者既有区别又有联系。笔者认为，认购书中的定金兼具责任形式，是作为违约金的性质，而《担保法》上的定金，亦是作为违约定金的性质。

作为责任形式的定金，是作为认购书中的定金相对于作为正式预售合同而言的，主要有以下几点原因：

第一，两者的目的不同。定金是合同担保的一种形式，其目的在于确保合同债权的实现；而违约金是违约责任的一种形式，其目的是制裁违约的行为。

第二，两者的表现形式不同。定金和违约金都是当事人约定的，但定金作为一种合同担保的方式，是在主合同的从合同中表现出来的；而违约金作为一种违约责任的形式，是独立的合同内容的一部分，不是一种从合同。

第三，两者交付的时间也不同。定金因类型不同而交付时间也有差异；违约定金只能于合同履行前交付，而且违约金只能于当事人一方违约后交付，不能于违约前支付。

第四，两者的发生根据不同。定金是由当事人双方于定金合同中约定的；而违约金则可以是双方约定的，也可以是法定的。

第五，两者的确定标准不同。定金的数额不能超过法律规定的数额，超过规定数额的定金为无效；而违约金具有预定赔偿金的性质，其数额是根据违约可能造成的损失额来确定的。

因此，作为相对于预售合同的认购书中的定金不是《担保法》意义上的具有担保性质的定金，而是起着违约金作用的一种责任形式。

但若将认购书中定金仅相对于预售认购书本身而言，此时的定金又具有违约定金的性质。因为如前所述，预售认购书与预售合同是预约和本约的关系，而定金条款是认购书中的担保条款，不是用以担保预售合同中权利义务的实现的，认购书与预售合同之间不是主从合同的关系，真正存在主从合同关系的是作为主合同的认购书与作为从合同的认购书中的定金条款。定金条款在一方当事人不履行认购书中的按照诚实信用原则进行谈判签约的义务时，该当事人就应当以该定金责任向守约方承担违约责任，这完全符合违约定金的法律性质。

因此，认购书中的定金在此意义上又具有违约定金的性质。

第三节　商品房预售认购书纠纷产生原因分析

一、商品房预售认购书纠纷的现状

因为大多数商品房预售认购书的订立都是在预售的前提下进行的，因此在商品房预售过程中的纠纷与认购书的纠纷有共同的部分。但预售认购书纠纷又有其特别的地方。

就二者共同的部分看，无论是预售还是在预售之前的内部认购中都存在当事双方利益失衡的现象。这种失衡是指开发商利用自身的经济、地位、知识等优势在商品房预售过程中损害预购人的利益，而预购人凭自身的力量无法与开发商的不法行为抗衡，且依据现行法律制度尚不能获得充分的救济的情形。双方之间的利益失衡直接导致了商品房交易中纠纷的增多。一方面是由于商品房市场的发展，商品房交易总量逐渐增大；另一方面，最近几年预购方的投诉也迅猛增长。各类数据都体现出开发商与预购方之间利益的冲突与失衡。

商品房预售认购书毕竟不是预售合同，从上述的阐述中得出两者是本约和预约的关系，在合同标的以及合同目的上都是有着本质区别的。因此，预售认购书纠纷除了具有与预售合同一样的纠纷外，还有因自身特征而产生的纠纷。大多数预售认购书纠纷围绕的是双方当事人在约定的期限内没有按照约定来签订正式的预售合同，有因预售方没有按约定保留相关房屋的原因，也有是预购方到期因价款问题不按时履约的原因，有时也是双方都存在部分违约的行为导致。还有少部分纠纷是因为认购书本身的原因，例如定金或是预付款的履行问题、付款方式的问题、数额问题等等。

二、商品房预售认购书纠纷的法理分析

1. 主体双方的先天失衡

市场经济下的民法倡导在符合公平、正义等价值取向的情况下使得交易双方利益平衡。但在实际的商品房开发中，表面貌似以公平的合同形式建立起来的预售认购的双方，无论是从资金、技术、专业知识、信息来

源、具体操作流程、谈判能力等各方面来看，开发商都要明显优于认购方，这是一个客观的现象。例如，从资金上看，开发商拥有并支配着巨额资金。据统计，目前中国房地产开发项目的平均投资额约为1000万元左右①，超过亿元的项目也逐渐增多。另外，开发商与政府的关系密切，对政府的政策信息动向的掌握要比作为单个个体的认购人翔实、及时、具体得多。再次，商品房开发建设从图纸、涉及材料的选择，乃至工程的施工，都具有极高的专业技术性，认购人就算对其中一方面有所研究，也不可能对所有的环节都清楚。毕竟认购人只是来购买商品住房的，对房屋的建筑结构、质量、材料，以及购房时要注意的操作细节、付款方式等等都没有开发商那么专业、懂行，是商品房交易中的弱者。

开发商也许并没有刻意要以这些自身的优势来强压给认购人，但认购方在与预售方打交道的过程中，或多或少都会感受到预售方背后那种强大的无形压力。即使认购方有足够的专业知识去质疑预售方，却没有对方那么强大的人力、物力、财力的支持，在这种消耗式的对抗中，认购方即使胜出但也要以付出更多的精力为代价。假设预售开发商一方严格遵守国家的法律法规，按照各项规定来办事，配合国家营造公平公正的交易环境，这种理想情况亦不可改变预售方处于强势地位的客观情形，那就更不用说在利益的驱使下，为了最大限度地获得利益，预售方在作出违法违规行为的情形下对认购方所构成的更大的优势。

因为这种固有并且不能克服的双方主体地位的失衡，使得商品房预售认购书订立之前就已经失去了公平的价值，订立的合同看似是平等主体之间根据双方的合意订立的，实则已然不再公平，合同形式的平等掩盖了实质的不平等。大多数预售认购人在与预售人订立合同时并没有意识到这个问题。只有在履行合同的过程中，如果双方都遵守约定，按约定履行了合同，自然不会产生纠纷；而若预售方毁约或违约时，认购人才会意识到为维护自身利益，对抗如此强势的预售方，获胜的几率微乎其微。可以说，认购书主体上的先天失衡是其纠纷产生的潜在深层次根源，为日后纠纷的产生埋下了隐患。

---

① 曹振良、高晓慧：《中国房地产业发展与管理研究》，北京大学出版社2002年版，第187页。

2. 在具体履行合同过程中产生的纠纷

第一，预售认购书的效力不明确。由于预售认购书一般是预售方在取得预售许可证之前的内部认购行为。这种内部认购合同的效力一直处于争执状态，没有定论，法律也没有明确规定。这种不确定性致使预售认购书比其他任何售房合同更容易产生纠纷。在认购书中双方当事人，无论是哪一方都会极力维护自身利益，而这种合同效力的不确定性给双方在不按照约定履行合同约定时产生纠纷埋了一颗定时炸弹。一旦产生纠纷，任何一方都可以置疑认购书效力为由来反驳对方的请求。即使诉诸法律，即使法院的审案效率再高，也不可能在短时间内化解纠纷，使双方都能达到合同目的，这就耗费了社会资源，降低了总的社会发展的效率。

第二，部分或全部不履行合同产生的纠纷。认购书双方在订立合同后，可能会因为各种原因部分或全部不履行合同。包括有关房屋面积，位置等，亦包括定金或预付款支付方式。房屋面积、位置、结构等方面，主要是商品房预售方的违约。预售方在与预售认购人订立认购书后，在民法上就有按照认购书的约定的房屋面积、房屋的位置、朝向、配套的小区设施建造房屋，按照约定的日期与认购人及时签订正式的预售认购书。但预售方有时会被利益驱使偷工减料，使得房屋的面积缩水，朝向位置与约定有偏差，房屋质量存在隐患，承诺的配套设施并没有建设，抑或是不及时履行签约义务，更有的开发商为了更多的获利，把承诺预售给认购人的房屋以更高的价格销售给不知情的其他购房人。

在定金或者预付款的支付方面，主要是预售认购人的违约。房地产市场的行情波动比较大，国内国际市场的一点风吹草动都会对其产生影响。商品房的价格随市场行情起伏，因此在很多案例中，双方在签订了认购书后一段时间内由于房屋价格波动，尤其是在回落情况下，认购方由于金钱的损失更倾向于违约，不支付定金或不完全支付定金而要求开发商退差价。当然开发商此时更希望认购人能遵守合同，按原先约定的定金或预付款来履行合同，于是纠纷就产生了。

第四节　完善商品房预售认购书制度的对策

商品房预售认购书作为正式预售合同的预约，在房地产市场的交易过程中使用的频率越来越高，但由于目前，我国的现行法律都没有关于商品房预售认购书的规定，在实践中遇到此类问题我们也只能寻求传统民法理论最笼统概括的依据和支持，这就使得各方面对认购书的性质以及效力存在着较大争议。因此，为了规范这种现象，我们要在完善商品房预售制度的整体框架下，建立相对应的商品房认购书制度。

一、完善商品房预售认购的法律制度

目前我国已有相关的商品房预售的法律法规，但体系仍还比较模糊，不够清晰，内容也不够具体。作为正式的商品房预售合同预约的认购书应当是属于预售制度之内的，那么，完善我国商品房预售制度其亟待完善的就是预售认购制度。

首先，要以法律的形式明确预售认购书的预约的性质及其法律效力。预售认购书作为一种新兴的商品房交易形式，虽然因为缺乏法律的规范而产生不少纠纷，但既然存在就有其合理性，我们不可一味地否定其对商品房预售有利的一面，而应当积极地制定法律规范，以法律的形式使其步入正轨，最大限度地发挥其对房地产市场的积极作用，抑制其负面作用。那么，首先就要以法律的形式确认预售认购书作为预售合同的预约的性质，赋予其合法有效的法律效力。

预售认购制度的确立，有助于保证开发商在签订认购书之后的约定时间内保留认购人选定的房屋，不售与他人，从而给认购人在签订正式的预售合同之前留有足够的时间来考虑是否值得购买此房屋。如果认购人在这段时间内经过深思熟虑认为这笔交易值得继续进行，或因为顾忌到认购书的定金责任而继续交易，则最终结果就是与预售人在约定的日期进行磋商，经过协商签订正式的预售合同；若认购人在约定的这段时间内经过考虑，不想再继续进行这次交易，那么就要以承担定金责任为代价换取不与预售人订立正式预售合同的权利。毕竟，当事人在订立预售认购书后，双

方都互负保证对方信赖保护利益的责任。预售人要负责保护认购人的认购利益，在约定时间内不将认购人预购的房屋售与他人；而预购人则负有保护与预售人的诚信磋商并订立正式预售合同的信赖利益。正因为预售认购书的这种特征，既起了敦促双方当事人履行认购书的约定的作用，保护房地产市场交易稳定和安全；又保护了当事人合同自由的权利，避免双方正式签约后反悔而承担更严重的违约责任。认购书这一稳定市场的良好的作用，要尽快用制度的形式予以确定，使之既独立于预售合同，具有自身的法律效力，又归属于预售制度的大系统内，为完善预售制度发挥稳定市场、保证市场交易安全的作用。

其次，为预售认购书中的定金定性。确定了预售认购书预约的性质后，那么违反认购书约定的法律责任主要就体现在定金上了，因此，尽快确定认购书中定金的性质，也好明确违反认购书的法律责任如何承担问题，从而可以提高解决商品房预售过程中产生的纠纷的效率。

根据上述的阐述，应当将认购书中的定金相对于认购书认定为违约定金，而相对于正式的预售合同时候则认定为违约金的性质。在实践中，应当根据具体情况来判断适用定金的哪一种性质来解决纠纷。

二、扩大现行相关法律在商品房预售认购法律纠纷中的适用

在建立专门具体的有关商品房预售认购法律法规的同时，也可以考虑适当扩大相关法律在商品房预售认购法律纠纷中的适用，比如《消费者权益保护法》以及《反不正当竞争法》等。

一个国家的法律体系是各个法律部门有机组成的整体，虽然是每部法律可能分属不同的法律部门，但各个法律部门之间又是相通的、有联系的，而每个部门法所包含的内容又都是有限度的，不可能以一己之力完全解决本部门内的所有法律问题，因此，属于经济法部门中作为规范房地产市场秩序的《中华人民共和国城市房地产管理法》以及被归类于民法部门的司法解释《最高人民法院关于审理商品房买卖合同纠纷案件适用法律若干问题的解释》都不能完全调整好房地产市场交易过程中的各类法律关系，这就需要《消费者权益保护法》以及《反不正当竞争法》等经济法部门的内部协调，同时也需要行政法、民法、刑法等各个法律部门与经济法

协调配合。

这其中尤其是行政法对房地产市场交易的规范作用不容小视。因为，尽管是经济法规范的法律关系，但是仍然需要行政执法部门去执行具体的规范行为。可以说，具体到规范房地产市场的那些法律法规，都是行政机关执法的依据。离开了这些具体的经济法性质的法律法规，尽管行政机关有自身的行政法规范其行为，但却不能触及具体的房地产市场的交易行为。因此，加强行政法对房地产市场交易的协调规范作用，尤其是对本身就规范力度不够的预售认购制度的意义更为重大。

一个事物的存在总有其存在的理由，我们不可一味地否定之，而且在现在这个时期商品房预售认购书既然存在就有其合理性，我们要积极将之逐渐纳入法律调整的范围内，而不是消极地回避。因此，为了规范商品房预售认购制度的运行，应当建立完善的预约制度，规范定金责任的适用，以解决在商品房预售过程中出现的各种问题，稳定房地产市场的健康、有序发展。

第三章　我国商品房预售许可制度

第一节　商品房预售许可制度的一般理论

一、商品房预售许可制度概念界定

《城市房地产管理法》、《商品房销售管理办法》及《城市商品房预售管理办法》等相关法律文件虽然对商品房预售许可制度有所规定，但并未描述其概念定义。学理上也少有文献明确界定其概念。究其原因，主要在于商品房预售许可是行政许可的一种，其概念理解通过行政许可的定义即能领会。然而，学理上有关行政许可概念定义的研究硕果累累，各存义理，以致商品房预售许可虽可通过“规制商品房预售行为的行政许可”这一思维形式有所领会，但在其概念的明确阐释上却有无所适从之惑。例如，“行政许可是行政主体应行政相对人的申请，通过颁发许可证、执照等形式，依法赋予行政相对人从事某种活动的法律资格或实施某种行为”①；“行政许可是由法律、法规设定一般性禁止的制度，是行政机关依据公民、法人或者其他组织的申请，准予其从事法律、法规作一般性禁止的事项或活动的行政行为，是行政机关依法对公民、法人或者其他组织的行为进行法律控制的行政法律手段”②；“行政许可是行政机关根据相对人的申请，以书面证照或其他方式允许相对人从事某种行为，确认某种权

① 罗豪才：《行政法学》，北京大学出版社2001年版，第122页。

② 张步洪：《论行政许可的范围》，《行政法学研究》1998年第2期，第78页。

利，授予某种资格和能力的行为"[①]；"行政许可是指基于当事人的申请，行政主体经过对申请的审查而决定是否准许或认可当事人所申请的活动或资格的行政行为"[②]，等等。立法上，《中华人民共和国行政许可法》则将行政许可定义为行政机关根据公民、法人或者组织的申请，经依法审查，准予其从事特定活动的行为。上述定义虽然在表述上各有差异，甚至是在行政许可本质上有根本分歧，即"赋权说"、"解禁说"、"确认说"及"核准说"[③]，但是他们定义的角度都是将行政许可视为具体行政行为。

笔者认为，这一定义角度忽略了行政许可的抽象行政行为方面，即行政许可的设定，也就是行政机关准予之依据。行政许可的设定面向的是具体规制内容的取向和设计，主要表现为根据客观事物的规律设计合理的许可条件。当然，各自的定义角度也各有不同的认知效用。如若要认知由一般事项抽象出的行政许可理论，那么具体行政行为之角度应当较为适宜，因为能够较为明确地区分与其他行政行为的差异，即申请—审查—准予这一为行政许可特有的行为过程[④]，并且能以此阐述行政许可的本质。而且一般行政许可理论的确也因为不能深入各具体事项发展尽数描述行政机关准予之依据，因而无法将其带入定义，而是作为行政机关审查活动中隐含的背景。因此在具体事项上，因为已有了一般理论之支撑，行政许可定义的重点就应当转向具体许可条件的设置上。这也是一般行政许可理论所不能顾及的地方，因为每个具体事项的发展规律都各有其特殊性，而许可效用之发挥也正在于针对各自特性设置不同约束条件。在这个意义上，我们将选择从抽象行政行为角度定义商品房预售许可制度的概念。笔者认为，商品房预售许可制度可以定义为：有权国家机关依法根据商品房预售活动之规律通过立法的形式就房地产开发企业取得商品房预售许可证而设置的约束条件。就这一定义的表述方式，商品房预售许可制度的本质也可以阐释为规制商品房预售活动的手段。

① 应松年：《行政法学新论》，中国方正出版社1998年版，第244页。

② 杨解君：《行政法学》，中国方正出版社2002年版，第257页。

③ 其中，核准说应该更为完善，规定了行政机关的"审查"环节，其他定义忽略了准予决定之作出必须经审查判断，缺少这一环节，决定的合法性与合理性无疑大打折扣。

④ 行政确认过程与此相似，但在严格意义上可以表述为申请—审查—确认，故行政许可行为过程仍有其特殊性。

二、商品房预售许可制度特性分析

商品房预售许可制度是作为政府规制商品房预售活动的一种手段。从其对商品房预售活动的实体性影响的角度，我们认为其制度特性有如下几种表现形式：

1. 商品房预售许可制度是一种正式约束

新制度经济学认为，制度是一个社会的游戏规则，即是构建人类相互行为的人为设定的约束。制度包括正式约束、非正式约束和实施机制。正式约束是指人们有意识制造的一系列政策法规，一般是由国家制定①。以此而论，商品房预售许可制度是由有权国家机关依法创制的，是正式约束的一种，由国家强制力保障实行。与之相反，非正式约束则是指社会响应内部需求自发产生的秩序规则，如社会习惯、道德、惯例、风俗等社会规范，在未经国家权威确认的情形下一般依赖于人们的自愿遵行。也就是说，非正式约束的效力来源于人们出于利益交换或者文化传统而产生的自愿心理。不可否认，非正式约束这种"人们长期交往中无意识形成的"②规则，比之于正式约束有着自身独有的优势，主要表现为对社会心理的普遍接受和规则的自动执行。因为非正式约束是社会主体在交往中自发形成的，不仅内容之形成契合实际需求，而且通过交往反复博弈不断修正，最终成为人们的行为习惯，形成了稳定的心理预期，其实行往往只是对已有行为的重复，不需外力强制。然而，这也正是非正式约束的缺陷所在。

首先，其形成必须以时间为积累，在形成过程中该事项上的秩序可能因为约束尚未生效而处于混乱无序状态。其次，其形成依赖于交往主体的博弈，如若双方实力悬殊，其秩序之形成未必符合公平意旨。就商品房预售这一社会现象而言，其是由我国内地沿海房地产开发企业的引进活动所致，发展历史不过三十年③，与之配套的非正式约束难以说是完善的。而且，从商品房预售交易活动看，房地产开发企业表现为一个掌握专业知识

---

① 黄利荣：《我国市场经济信用制度探析》，《延安大学学报》2004 年第 6 期，第 72 页。

② 岳树民：《论税制的非正式约束》，《研究与探索》2003 年第 9 期，第 10 页。

③ 1980 年 12 月 5 日，深圳市房地产公司与香港中央建业有限公司签订了第一份客商独资营建商住大厦协议，开创了国有土地有偿使用的先河。其后，沿海城市纷纷进行土地有偿使用和发展房地产的尝试。商品房预售制度的引进应当在这之后，因此其发展历史至今应在三十年内。

且资金雄厚的实体，而承购人则是一个个分散决策的主体，单个承购人实力远逊于房地产开发企业。加之于房地产市场不完全竞争性的制约，以及住房需求的刚性，承购人单凭自身力量未必能在交往中形成有利于自己的非正式约束，从而保障自身基本居住权益的实现。因此，国家为及时回应这一社会需求，通过制定商品房预售许可制度而产生的正式约束，能够以国家强制力为保障，制约房地产开发企业滥用经济上的强势力量，维护社会公正。

2. 商品房预售许可制度是政府的直接干预行为

商品房预售许可制度是公权力介入私权利实施干预的制度。与规范商品房预售行为的私法相比，商品房预售许可制度是进行直接规制的公法法律规范。日本学者美浓部达吉认为，公法与私法区别的主要根据在于“公法为本来的国家法——直接的第一次的国家法；私法为本属于其他社会、因国家当其保护监督之任而为第二次的国家的法之点”[①]。根据其阐释，私法对于国家的关系，“不过是服从国家的监督和可以请求国家的保护而已”[②]。而作为公法的商品房预售许可制度，却是国家依法主动行使公权力来主动监督和保护当事人之间的商品房预售民事法律关系，而不是待其中一方请求才施以援手，其具体表现为：

(1) 国家事先通过商品房预售许可制度设立约束条件，规定房地产开发企业在进行商品房预售交易前须符合许可条件，取得商品房预售许可证，方能预售。而私法规范虽然也会对交易主体相关条件作出要求，例如具有完全民事行为能力、意思表示真实等，但相关的交易条件之核实主要依赖于交易双方自身的力量，其运行在国家法层面上则在于交易主体向国家请求保护。然而，商品房预售交易的特性，即预售关系中交易双方地位的不平等性，使得社会对有关的交易条件及保护方式有着更高的要求。首先，商品房预售涉及的专业知识及信息之发现与核实对于承购人而言存在相当的难度。如果社会缺乏相当的力量，如普遍的律师服务、有效的行业规制、强有力的消费者团体等，去帮助承购人获得有效的信息，承购人难以获知当前的交易条件，以维护自身权益，进而在向国家请求保护上都存

① [日] 美浓部达吉:《公法与私法》(黄冯明译)，中国政法大学出版社2002年版，第21页。
② [日] 美浓部达吉:《公法与私法》(黄冯明译)，中国政法大学出版社2002年版，第22页。

在困难。其次，房地产开发企业在商品房预售交易中占据优势地位，也会使得其出于自利所设置的交易条件不能符合社会最低限度的正义。商品房预售许可制度的效用在此表现为运用国家强制力弥补社会在某一阶段尚缺乏的力量，明确设置合理有效的约束条件，促成公正交易的达成。

（2）相比于要求分散的承购人群体依赖自身力量请求国家保护，商品预售许可制度则要求专门的行政机关积极作为，维护社会公共利益以及商品房预售许可制度的权威。《城市商品房预售管理办法》第 13 条规定房地产管理部门发现房地产开发企业未按规定办理预售登记，取得商品房预售许可证预售商品房的，应责令停止预售、补办手续，没收违法所得，并可处以已收取的预收款 1% 以下的罚款。相较于承购人而言，房地产管理部门不仅拥有较强的力量来制约房地产开发企业在商品房预售交易中的任意行为，而且可以通过自身行为直接制止其不法行为，能够迅速有效地维护社会利益。因此，商品房预售许可制度作为一种国家强制力的运行方式，是政府进行管制的强有力的工具，以便保障许可条件的有效实施。

3. 商品房预售许可制度是一种市场准入机制

市场准入机制是指通过市场管理机构为确保市场安全稳定和有序竞争，对国内外的个人、法人或其他组织进入一定市场参与市场活动的约束与限制[①]。如前所述，商品房预售具有较强的市场风险性，而且因为远期交付行为为房地产开发企业提供聚敛财富的便利，极大地损害了商品房预售市场的交易安全。更为重要的是，房地产开发建设资金投入量大，其结果一般也不具可逆转性，因而对社会财富积累有较大破坏作用，例如一个建设质量不合格的商品房项目不仅不能发挥交付入住的效用，而且其所使用的建材只有少部分可能回收利用，大部分要么毁损、要么无法实现利用价值，同时还要加上清除不合格建筑的成本。

本来，在商品房现售制度安排下，实力不足的企业一般很早就退出市场或者无法进入市场，从而在总量上限制了房地产开发建设失败对社会财富的破坏作用。但商品房预售制度却让大量企业进入其中，不加以控制，必然会对社会财富造成巨大毁损。对此，事后的规制能够发挥惩戒威慑力，但也是

① 吴弘、胡伟：《市场监管法论——市场监管法的基础理论与基本制度》，北京大学出版社 2006 年版，第 97 页。

对之后行为的影响，对于已经发生的行为并不具可恢复性。何况房地产市场高额利润的诱惑，在心理上也降低了惩戒的威慑力。因此有必要在事前设置一系列条件限制房地产开发企业进入商品房预售市场，以保证进入预售市场的房地产开发企业具有最低限度的开发能力。《行政许可法》第12条第2项中就有对“直接关系公共利益的特定行业的市场准入”事项可以设定行政许可的规定。商品房预售许可制度正是该条规定的具体应用。

三、商品房预售许可制度的构成要素

在制度形式上，商品房预售许可制度是国家及时回应社会需求，通过立法形式而创制的一种正式约束，具有国家强制力；同时是政府专门机构直接干预商品房预售市场经济的手段，而在具体规制形式上则表现为市场准入机制。就现实意义而言，商品房预售许可制度的重要性在于确立了公权力对商品房预售市场中房地产开发企业强势力量的制衡。此处，商品房预售中房地产开发企业的强势力量并不是其在抗御房地产开发建设市场风险上经济实力的体现，反而是房地产开发企业滥用商品房预售制度的融资功能，在不具备一定经营实力及风险承担责任能力的情形下，盲目进行商品房预售，危及整个商品房预售市场的稳定及社会财富的维持。

与此同时，房地产开发企业相对于承购人的经济优势在没有规范约束的情形下极易构成其进行不公正缔约行为的便利，例如在交易信息披露上进行虚假表述，或者在付款方式上不提供预售资金监管账户。而我国目前市民社会自我组织维护权益力量相对不足，难以有效制衡房地产开发企业的强势力量。因此，政府作为我国社会民众最为倚重之权威，掌握着充分的社会资源用以调控市场，无论是在维护民生的政治层面，还是在日常的公务职责上都不得不在商品房预售准入上负有制约房地产开发企业任意行为的义务，由此构成的市场制衡正是商品房预售许可制度所欲达成之目的。围绕这一制衡过程，笔者认为商品房预售许可制度的实体内容在一种完备模式[①]上可以大体分解为以下五种要素：

---

① 有些国家或地区的商品房预售市场许可制度构成不尽相同，如美国仅要求审查销售企划书，而香港特区则要求满足《土地注册处同意方案》的要求，如资金投入30%等等，台湾地区则要求有完工保险，并不存在统一模式。在此阶段，我们只有单纯从制度本身出发，考虑其在预防市场风险上所应当具备的功能，描述其制度构成。

第一，商品房预售项目上的合法开发权益。如前所述，我们知道商品房预售涉及的法律关系复杂，其中一些法律关系因为法律的强制规定关涉到商品房预售项目在开发建设上是否处于合法的权益状态，例如土地使用权出让、规划许可、建设许可、施工许可及拆迁安置等。如果商品房预售项目在上述事务中的状态不符合法律规定，其开发建设活动不仅不能顺利进行，而且最终生产的住宅产品不具有合法产权，不能成为商品房预售合同交易之标的，以此为前提的市场准入自然也毫无意义。在社会利益上，非法的商品房预售项目可能还关联到国家资产的流失、城市居住生态的破坏及工程安全的危害等。因此，商品房预售项目上的合法开发权益是商品房预售市场准入上的必备要素。

第二，房地产开发企业的经营能力和责任能力。房地产开发建设具有较强的市场风险，种种原因都可能导致房地产开发建设停工烂尾或延期完工等现象的发生。因此，有必要通过一系列合理的约束条件去发现房地产开发企业是否具备一定的经营能力，如资金实力、工程建设能力等。此外，商品房预售使得众多的承购人卷入其中，承担房地产开发建设的风险。因此，应当要求房地产开发企业通过某种方式确保其在风险发生时具有补救承购人损失的责任能力。

第三，房地产开发企业规范的缔约行为。在商品房预售这一民事交易法律关系中，房地产开发企业容易凭借相对的优势地位，以不公平的交易方式进行缔约，例如不披露基本的信息、或在信息披露内容上存在虚假，或者缺乏预售资金监管等。而行政机关并不能介入每一笔具体的交易，因此应当在事前通过某种方式确保其行为内容符合规范，如销售方案的备案或者预售资金监管协议的落实等，使得当事人双方在缔约时的行为就已具备规范条件。

第四，房地产开发企业的信用行为。这是指房地产开发企业以往开发建设行为的表现。以此为构成要素，一方面是以此衡量房地产开发企业在市场准入上的状态是否具有可信性，以及在预售过程中遵守法律规制的可能性，另一方面则是对在此次申请后仍愿保有机会进入商品房预售市场的企业发挥制度的威慑作用。

第五，预售监管过程的条件准备。期房仍在建设中，而这一建设过程一般时间较长，也是相关市场风险发生的阶段。因此，应当确认房地产开发企业已办理了有关手续将开发建设过程置于监管下，如办理质量监督管理手续及落实了预售资金监管协议，确保预售过程处于有效的监管之下。

第二节　我国商品房预售许可制度的立法现状及其评析

一、我国商品房预售许可制度的立法现状

1. 商品房预售许可制度的法律形式

就立法层次而言，我国商品房预售许可制度的法律形式大致可以分为以下四种：

其一是全国人大及其常务委员会制定的法律，如《中华人民共和国城市房地产管理法》；

其二是国务院为执行法律而制定的行政法规，如《城市房地产开发经营管理条例》；

其三是住房和城乡建设部依授权制定的部门规章以及发布的规章以外的规范性文件，如《商品房销售管理办法》、《城市商品房预售管理办法》及《关于进一步加强房地产市场监管完善商品住房预售制度有关问题的通知》，等等；

其四是地方根据本地具体情况及实际需要，制定的地方性法规、地方政府规章及其他规范性文件，如广东省人民代表大会制定的《广东省预售商品房管理条例》、上海市政府制定的《上海市商品房转让办法》、南京市房产管理局发布的《关于进一步加强和规范商品房预售市场销售秩序的意见》，以及各地房地产管理部门依法制定的预售许可申请办事指南等等。其中，中央层级法律文件的效力及于全国范围，为地方性法律文件制定的依据。

2. 商品房预售许可制度的具体内容

就商品房预售许可的实际情形而言，它可以作为一种独立的制度运行，但并不能孤立于房地产开发监管这一制度整体。由于各个监管制度的

紧密联系，其所设立的条件可能是对上一监管环节的延续，或者是对下一监管环节的开始，并非局限于本身的效用发挥，例如广州市规定在申请预售许可时须办理质量安全监督手续，是为了工程质量监督管理部门及时介入工程质量监管。由此可知，我国商品房预售许可制度的具体内容可能是相当繁杂的，因此本节立足于所搜集的资料，围绕预售许可申请，着重论述商品房预售许可制度中的相关重要事项。

（1）房地产开发企业主体资质

《城市商品房预售管理办法》第 7 条第 2 款规定，开发企业申请商品房预售许可的，须提交企业《营业执照》和资质证书。也就是说，从事商品房预售行为的主体必须是房地产开发企业，并具有相应的资质等级。而就房地产开发企业的主体资格而言，其取决于企业是否持有房地产开发资质证书。

根据《房地产企业开发资质管理规定》第 3 条第 2 款规定，未取得房地产开发资质证书的，不得从事房地产开发经营业务。所谓的资质等级其实是行政机关或者说其所代表的社会，使用开发企业的注册资本、经营业绩（包含从业时间、建筑面积或开发投资额、房屋质量合格率等内容）及技术力量等考核标准验证一个企业是否具备进行房地产开发建设的基本能力。例如一级资质企业要求注册资本为5000万元，从事房地产开发经营 5 年以上；近 3 年房屋建筑面积累计竣工 30 万平方米以上，或者累计完成与此相当的房地产开发投资额；连续 5 年建筑工程质量合格率达 100%；上一年房屋建筑施工面积 15 万平方米以上，或者完成与此相当的房地产开发投资额；有职称的建筑、结构、财务、房地产及有关经济类的专业管理人员不少于 20 人，其中具有中级以上职称的管理人员不少于 10 人，持有资格证书的专职会计人员不少于 3 人；工程技术、财务、统计等业务负责人具有相应专业中级以上职称；具有完善的质量保证体系，商品住宅销售中实行了《住宅质量保证书》和《住宅使用说明书》制度；未发生过重大工程质量事故。从一般的社会理性认知出发可知，符合上述条件的房地产开发企业具有一定的预防房地产开发经营风险以及承担赔偿责任的能力，进而在一定程度上可以防范楼盘烂尾现象的发生，从而保障承购人的合法权益。在某种意义上，房地产开发企业的资质也构成了房地产开发企业信用监管制度的一部分。例如，《上海市房地产开发项目信息申报管理办法（试行）》规定："对被注销资质证书的企业，应当按照《城市商品房预售管理办法》的规定，不予受理该项目的预售许可申请"，"取消开发企业资质的，其法定代表人记录在案，5 年内不得再从事房地产开发经营。"

实践中，地方根据城市发展水平，对资质条件的规定各有不同。《广州市房地产开发办法》规定在本市市辖区范围内从事房地产开发的企业，应当具有三级以上房地产开发企业资质。《山东省房地产开发公司成立及资质管理规定》则区分了房地产专营公司、兼营公司和项目公司，规定了自有资金 2 亿元以上的地方性信托投资公司和自有资金 5000 万元以上一级资质的建筑公司，可以申请兼营房地产开发业务，不定资质等级。而项目公司的资质根据项目、资金、人员条件确定，不定等级。

（2）商品房预售项目开发权益

房地产开发企业必须对所开发的商品房预售项目拥有合法的权益，其最终生产的住宅产品才具有市场流通意义，其商品权益才会受法律承认和保护，否则承购人可能因此不能取得预售标的的所有权。根据我国相关法律，房地产开发企业须取得以下证明文件，才能合法有效地进行商品房开发建设行为：

第一，须交付全部地价，并取得土地使用权证。土地使用权证是合法使用土地的重要凭据，只有在取得了土地使用权证的土地上进行的开发建设，进行房地产经营才是合法有效的。而土地使用权证的取得是以交付土地使用权出让金为前提的，我国《城市房地产管理法》第 15 条规定，未按照出让合同约定支付土地使用权出让金的，土地管理部门有权解除合同。若房地产开发企业未交付全部地价，其可能因此丧失就该块土地进行开发建设的权益。而商品房预售由于其制度特性，将会使承购人以及提供按揭贷款的银行面临此种情形下承担无效开发经营行为的风险。因此，《城市商品房预售管理办法》第 5 条第 1 款规定，商品房预售应当已交付土地使用权出让金，取得土地使用权证书。

第二，须取得建设工程规划许可证。根据《城市规划法》的规定，城市的房屋建设应服从城市规划要求，工程建设在实施前应获得规划部门的批准，取得建设工程规划许可证。未取得建设工程规划许可证而从事的建设即属违法建设，其后果可能是被责令停止建设或被强制拆除。此种情形无疑又增大了房地产开发建设的风险，而且有可能被转移到承购人身上，承担由此带来的不利损失。为保护承购人合法权益，《城市商品房预售管理办法》第5条第2款规定，商品房预售须持有建设工程许可证。

第三，须取得施工许可证。根据《建筑工程施工许可管理办法》，按照规定应当申请领取施工许可证的建筑工程，未领取施工许可证的，一律不得开工。商品房建设一般都需要取得施工许可证，才能着手施工。施工许可证的重要性在于，其所设置的条件确保了房屋建设能够合乎规范的进行，而这种规范性的构建则有助于减少房地产开发建设中的风险，同样也在某种意义上减少了商品房预售的风险。例如《建筑工程施工许可管理办法》中规定，取得施工许可证所必须具备的条件中包括以下内容：满足施工需要的施工图纸及技术资料，施工图设计文件已按规定进行了审查；有保证工程质量和安全的具体措施；按照规定应该委托监理的工程已委托监理；建设资金已经落实，等等。因此，《城市商品房预售管理办法》第5条第2款规定，商品房预售须持有施工许可证。

（3）质量监督管理

事实上，商品房建设作为建筑工程所受到的监管贯穿于建设过程的始终。根据《建设工程质量管理条例》，国家实行建设工程质量监督管理制度。具体到地方，这一制度通常表现为建设单位向建筑工程质量监督站办理建设工程质量和安全监督手续，由其监督工程质量，包括核验建设原材料、定期进入施工现场抽查建筑质量及竣工验收等。无疑，建筑工程质量监督管理制度的良好运行将会为商品房预售提供一个较为安全的制度环境。因此，有地方规定申请预售许可时，除取得建设工程规划许可证和施工许可证外，还须办理建设工程质量和安全监督手续，例如《广州市商品房预售管理办法》第5条第3款对此的规定。

（4）项目资金投入

《城市商品房预售管理办法》第5条第3款规定，按提供预售的商品房计算，投入开发建设的资金应达到工程建设总投资的25%以上。该条规定确切地说是对如何衡量房地产开发企业在完成项目建设的实力上给出了一种方向性的选择。因为资金投入是一个宽泛性的概念，即使有25%的数字比例限定也仍然是一个抽象的标准。结合房地产开发活动的复杂性，资金投入可以物化为工程建筑实体，也可以表现为建材购买及施工合同等经济行为，因而其证明方式存在多样化的选择。而在地方性法律规范中则显示了这样一种倾向，即25%的资金投入被限定为单纯描述资金使用的财务报表，不涉及工程建筑实体的形象要求，例如《江西省城市商品房预售管理办法》规定，预售项目投入开发建设的金额已达到总投资额的25%以上或已完成该工程项目的基础工程。因此，项目资金投入在一种非严格意义上被划分为资金投入比例和工程形象进度。

相比之下，工程形象进度因为必须有实体的证明，因而适用严格。上海市在项目资金投入的适用上即采取了严格标准，其在《关于同意调整商品房预售应达到工程进度标准的批复》中规定七层以下（含七层）的商品房项目，应当完成基础工程并施工至主体结构封顶；八层以上（含八层）的商品房项目，应当完成基础工程并施工至主体结构三分之二以上（不得少于七层）。住房和城乡建设部在2010年4月发布的《关于进一步加强房地产市场监管完善商品住房预售制度有关问题的通知》（以下简称《通知》）中也规定，各地在核发预售许可时须合理确定工程形象进度。为了矫正商品房预售市场的流弊，我国在商品房预售项目资金投入上的规制无疑趋向严格。

这一规制措施的目的，按照通常说法，是防止房地产开发企业在自己根本没有资金或根本没有投入的情况下，通过预售合同收取承购人的房款，而将预购款用于其他经营，使承购人的利益受到极大的损害，且难以获得充分赔偿①。但是我国目前多数地区都建立了预售款监管制度，预售款用于工程建设无疑有着切实的保障，这一规制措施的效用有衰微之势。然而，我国毕竟在预售款监管上尚未形成全国性立法，而且各地法制建设水平各有参差。在这样的制度背景下，预售许可的这一规制措施的强化有其合理性。

除此之外，笔者认为项目资金投入的规制，可以在一定程度上遏阻缺乏足够资金实力而希望通过以小博大在房地产市场盲目投机的房地产开发企业的进入。因为它们的投机和竞争并不会带来优胜劣汰的有效市场，而更可能的是在盲目投机下制造了市场的虚假繁荣和经济泡沫，以及开发无以为继的楼盘烂尾的风险。

① 金俭：《房地产法研究》，科学出版社2004年版，第220页。

（5）项目抵押权人意见

房地产开发建设是一个资金密集型行业。实践中，房地产开发企业通过在土地使用权或在建工程上设立抵押筹集资金，应当是房地产开发中惯常出现的商业现象。因为土地使用权及在建工程上的抵押不仅有着物权的优先效力，而且在通常情形下都是优质资源可以担保大额债务的实现，抵押权人基于此种预期乐于借出资金进行投资，房地产开发企业因此也能筹集大量资金进行建设。由于商品房的房地同一的特性，以及与在建工程完工后的同一性，都使抵押权标的上存在多种利益求偿的可能性，各主体间利益冲突不可避免。因此，在地方性法律规范中有要求预售项目上存在抵押权益的，预售许可时须获得抵押权人同意。例如，《山东省商品房销售条例》第7条规定，土地使用权、在建工程已经设置抵押的，还应当提交抵押权人签署的书面意见。也有地方为此不允许预售项目上存有抵押权益，例如《广东省商品房预售管理条例》第6条规定，取得预售许可证的条件中包括“预售商品房项目及其土地使用权未设定他项权”。

（6）商品房预售方案

《城市商品房预售管理办法》第7条规定，申请商品房预售许可，应当提交商品房预售方案。住房和城乡建设部曾在2009年转发《上海市商品房销售方案管理暂行规定》，以供各地参考，故在此以《上海市商品房销售方案管理暂行规定》为分析依据。在该规定中，商品房预售方案与现售方案统称为商品房销售方案，两者仅在备案程序上有所不同。其中规制措施的效用主要表现在以下三个方面：

其一为信息披露方面的效用。在商品房预售市场上，房地产开发企业掌握和控制了有关商品房的有效信息，其出于利己的动机并不一定愿在信息披露的充分性和真实性上完全履行义务。因此，《上海市商品房销售方案管理暂行规定》第2条规定了预售方案的内容应当包括的基本事项，例如商品房项目的基本情况（包括项目名称、坐落，土地用途、项目总规模，容积率、绿地率等规划参数，前期物业管理服务合同，业主管理公约，业主共有房地产、商业配套设施和公益性公共服务设施的设置等）；商品房项目用于销售、租赁以及企业保留自有的情况；商品房项目的建设情况，包括项目建设周期、各期计划和进度；商品房项目销售广告、楼书、样板房、沙盘等宣传资料；商品房销售计划与销售方式；商品房销售价格（包括定价调价方式、方法），销售合同文本以及签约销售流程等等。而且该法律文件第 6 条规定，房地产开发企业对已备案商品房预售方案有信息公开义务，应当在售楼场所张贴公示。

其二为抑制楼花炒卖方面的效用。该法律文件第 3 条第 3 款规定，商品房预售方案中企业保留自有比例必须符合“少量、合理”原则。因为这些保留自有的房屋一般楼层和朝向比较好，市场价值相对较高，所以通常会被内购人员在楼花二手市场上转售，是楼花炒卖过热、引发房价上涨的原因之一①。

其三为房地产开发企业信用监管方面的效用。该法律文件第 10 条规定，对房地产开发企业违反预售方案进行不良经营且逾期不改正的行为，记入房地产开发企业的信用档案，按规定予以降低直至取消资质的处理。这一规定的重要意义不仅在于完善了前面的房地产开发企业信息披露义务，要求其必须依据在预售方案中作出的承诺行为，否则即构成不良经营，而且在于将房地产开发企业的经营行为归结为具体的标准，使房地产开发企业信用的衡量在形式上更为规范，为事后监管提供明确依据。同时结合资质管理，使得不良房地产开发企业因为资质被注销而不具备进行预售许可申请的主体资质。

（7）预售资金监管协议

商品房预售制度的根本目的在于通过预售资金的收取及运用，解决房地产开发建设的资金不足压力，加速房地产建设，从而生产更多住宅产品以满足社会需求。然而，这一目的的实现同时必须依赖于房地产开发企业审慎合理的运用预售资金，但这一合乎社会理性的行为未必与房地产开发企业的利己动机契合，房地产开发企业可能基于商誉或者以后更多的开发建设利益如此行为，也可能因为眼前利益卷款潜逃或者因为获取商业风险利益盲目使用预售资金投机其他商业项目。对此，一个有效的市场可能会因为律师的专业服务、市场竞争下的多元选择、行业协会的自律及消费者“买者自慎”的理性等多重因素的重合，形成制约房地产开发企业任意使用预售资金的交易惯例，如根据施工进度分期付款、律师托管资金等制

---

① 周林彬、张永春：《中国大陆、香港与澳门商品房预售法律制度比较研究》，中山大学出版社 2007 年版，第 257 页。

度。鉴于我国目前房地产市场因为需求远大于供应这一局面而形成的房地产开发企业的市场垄断地位，以及市场上其他有效制约因素的缺失，政府应当介入其中，强制房地产开发企业必须将收取的预售资金置于合法的监管下。因此，我国已经建立预售资金监管制度的地方，都要求在核准预售许可时审查预售资金监管是否落实。就预售资金监管而言，其运行包括监管过程的运行，同样也包括事前以何种方式保证监管的及时介入，而预售许可不仅提供了介入的时间便利，而且无疑以政府权威为预售资金监管制度的切实运行提供了有力保障。

（8）住房质量责任保证

商品房的质量关系到个人居住生活的安全。然而，商品房是一种构造技术复杂的产品，其存在的某些质量缺陷难以被普通人所觉察。而竣工验收制度也可能因为检测技术限制或验收行为不当的原因不能完全检测出商品房质量上的缺陷。为预防这一风险，我国在 1998 年推行了商品住房质量保证书和住房使用说明书制度，由房地产开发企业在交付房屋时向承购人提供《住房质量保证书》和《住宅使用说明书》，并据此承担责任。住房和城乡建设部在 2010 年 4 月发布的《通知》中在此基础上强化了住房质量保证机制，要求“暂定资质企业的企业在申请商品住房预售许可时提交的预售方案，应当明确企业破产、解散等清算情况发生后的商品住房质量责任承担主体，由质量责任承担主体提供担保函。质量责任承担主体必须具备独立的法人资格和相应的赔偿能力”。

（9）预售许可申请资料不实的行政责任

商品房预售许可制度建立在行政机关对申请资料的审查上。申请资料所传达的信息反映了房地产开发企业是否具有开发权益、一定程度的开发实力以及是否履行了预售许可制度要求的作为义务。而行政机关本身并不占有这些信息，必须依据法律规范判断申请资料所反映的信息是否合乎标准，以实现商品房预售许可目的，即商品房预售市场准入上的优胜劣汰。申请资料的虚假性必然导致对这一目的的偏离。因此，地方性法律规范大都规定房地产开发企业须对资料的真实性负责，或者规定房地产开发企业提供虚假资料应承担的不利后果。

例如，上海市房地局 2000 年制定的《关于严格执行商品房预售新标准的通知》规定，凡提供虚假材料、取得商品房预售许可证的，一经发现，由房地产管理部门予以纠正，收回已核发的商品房预售许可证；已经发生预售的，视作无证预售，按《上海市房地产转让办法》第50条第4项的规定处罚。此外，申请资料不实责任还涉及专业机构。因为房地产测绘机构通常在其中承担了证明项目工程形象进度及建筑面积的核实，所以该通知同时规定了房地产测绘机构的证明不实责任的承担，其所出具的现场鉴证报告与事实不符的，将会被降低资质直至取消资质。

（10）预售期限

预售期限是指商品房开始预售至竣工交付的时间长度。在预售期限内，金融政策、税费政策、规划政策、建材价格、劳资关系及自然环境等因素的变化都会使房地产开发建设充满风险。预售期限越长，承购人所面临的风险也就越大。确立合理的预售期限无疑有助于减少房地产开发建设中的不确定性，降低承购人参与风险承担的概率。《城市商品房预售管理办法》第5条规定，商品房预售时须已确定施工进度和竣工交付日期。但施工进度与竣工交付日期的确定更多涉及的是预售交易的稳定性，并不能有效地将承购人的风险控制在一定限度内。《北京市城市房地产转让管理办法》第29条第4款对此有进一步的规定，商品房预售须满足市房地产行政主管部门公布的预售最长期限。在此存有缺憾的是，在笔者目前所收集到的资料中尚未发现北京市房地产行政主管部门就预售期限的时间长度有明确规定。

（11）预售许可规模

预售许可规模指的是被许可对象的规模，表现形式通常是商品房单元、楼层、楼栋及项目等。实践中，房地产开发企业中有借分单元、分层申请预售许可，在市场上推出数量有限的房源，达到捂盘惜售、哄抬房价的目的。为了保障市场上房源的充足供应，抑制房价上涨，住房和城乡建设部2010年4月发布的《通知》要求预售许可的最低规模不得小于栋，不得分层、分单元办理预售许可。

（12）预售许可证有效期限

该规定事项出现在重庆市就商品房预售许可申请而发布的办理指南文件中，其规定《重庆市商品房预售许可证》的有效期限为“竣工日期加三个月”。预售许可证书有效期限应当是指预售许可证的效力期限，在此期限内房地产开发企业的预售行为具有法律效力，期限外则为违法。其合理性在于，商品房竣工在实践中并不意味商品房符合现售条件，能够进行现售，其间还牵扯到竣工验收问题，以及配套基础设施和公共设施是否具备交付使用条件或者已确定施工进度和交付日期等等条件之满足。商品房预售许可证有效期限，一方面可以为房地产开发企业在尚未符合商品房现售条件时且房屋尚有未售出的情形下提供机会进行销售行为，另一方面则限定了房地产开发企业进行预售行为的时间，在有效期限外房地产开发企业必须满足商品房现售条件，否则不得有销售行为。

二、我国商品房预售许可制度的评析

1. 我国商品房预售许可制度立法机制评析

商品房预售许可制度的立法机制决定了商品房预售许可制度的内容设计会呈现出何样的状态，原因在于内容设计在某种意义上是立法主体在一定立法背景下进行的主观意识活动，其所独有之特性，如立法程序、立法偏好及立法信息的占有都会极大地影响活动的最终结果，即制度内容。

我国商品房预售许可制度的立法机制在立法主体的确定上呈现出多元化与层级化的特征，包括全国人民代表大会及其常务委员会、国务院、住房和城乡建设部、地方人民代表大会及其常务委员会、地方政府、地方建设行政主管部门或房地产管理部门等主体。其中，全国人民代表大会及其常务委员会、国务院及住房和城乡建设部的立法效力及于全国范围，地方性法律文件在立法主体效力所及地域范围内发挥效力。在不涉及法律文件间相互抵触的情形下，它们都是商品房预售许可制度内容的组成部分，是我们前面所考察到的制度内容的来源。就具体内容考察而言，全国人民代表大会及其常务委员会制定的《城市房地产管理法》和国务院制定的《城市房地产开发经营管理条例》仅就商品房预售许可制度的内容规定了基本框架，更多的内容细节实际上必须依赖住房和城乡建设部制定的法律文件及地方性法律文件予以完善。这与其说是因为房地产管理涉及事项太多，在商品房预售事项上不能尽述，不如说是我国在商品房预售许可制度立法机制上所采取的策略所致。因为一个成熟的制度设计，必然是能够以较高效力等级的法律形式对规定事项做详尽表述。

商品房预售许可制度是我国确立商品房预售制度过程中发生的强制性

制度变迁，即由政府行政命令或法律强行推进和实施的制度变迁①。而在这一制度变迁过程中，政府并不是全能的，其需要通过在管理活动中长时间的学习和了解去进行制度设计。在立法主体中，住房和城乡建设部因为职责所致，是管理商品房预售事务的专门机关，由此容易形成进行商品房预售许可制度设计的立法偏好，而且依托于地方的建设行政主管部门或者房地产管理部门能够较为容易地占有相关的立法信息。同时，商品房预售这一经济事务的开展不是在抽象的国家层面上进行，而是必须依托于市县这样具体的地域范围，而各地社会条件的千差万别使得地方在事务管理上不得不因势立法，加之于商品房预售事务对地方经济及地方居民生活的重大影响，地方有着强烈的动机制定有关商品房预售许可的法律文件。住房和城乡建设部与地方主体上述立法优势无疑有助于商品房预售许可制度在立法初期就有关知识之发现与积累提供了极大便利，并且因为是在与社会互动过程中逐步完善的，故能在很大程度上保障制度内容的合理性与有效性。

然而，在这一渐进式的制度变迁过程中，我们同样因此面临无可避免的缺陷：

（1）目前为止，住房和城乡建设部主要通过发布大量的规章以外的其他规范性文件为各地提供许可依据及内容设计方向。其发布的《城市商品房预售管理办法》虽历经两次修正（2001 年第一次修正和 2004 年第二次修正），有关商品房预售许可制度的内容仍然过于简略。而大量的规范性文件的制定目的通常以及时回应现实需求为重，并非以成熟的制度设计为关注重点，在有关商品房预售许可制度内容设计上未免有流于简单片面之虞。

（2）丰富的地方性法律文件充实了商品房预售许可制度的内容。但是，这是就商品房预售许可制度这一抽象总体而言的，具体适用中的商品房预售许可制度因为地域限制并不具有如此丰富的内容，而是局限在某一地的地方性法律文件自成一体。并且其在制度设计上与住房和城乡建设部制定的规范性文件也有考虑不全之虞。

（3）无论是住房和城乡建设部发布的大量规范性文件，还是丰富的地

① 周林彬：《法律经济学：中国的理论与实践》，北京大学出版社 2008 年版，第 277 页。

方性法律文件，往往是为应对一时之需而进行的制度设计，之后又不予以总结，进行集中规定，这就使得相当部分的商品房预售许可制度内容在这种动态发布过程中呈现出分散零乱的态势，不利于行政许可便民目的之达成。例如，江苏省建设厅在2009年10月发布的《江苏省建设厅关于进一步规范商品房预（销）售行为的通知》中规定，预售许可规模原则上以项目为单位，但《江苏省城市房地产交易条例》及南京市房产局发布的预售许可申请办事指南中，并未就预售许可规模有规定。

2. 我国商品房预售许可制度具体内容之评析

我国商品房预售许可制度的立法机制使得制度的具体内容呈逐步丰富完善之态势，但囿于这一制度变迁过程，其中某些内容设计存有简单片面之虞，或是制度所应具备之必须内容没有纳入国家范围统一适用，仅是表现为地方立法之创新，具体论述如下：

第一，房地产开发企业主体资质信用监管效用不彰。房地产开发企业的主体资质，一方面通过经营业绩的衡量确定其在住房质量保证上是否具有一定信用，另一方面以房地产信用档案为资质考核依据，从而能在一定程度上反映出房地产开发企业在销售行为、交付使用及信息公开等方面的信用。由此可知，其信用监管效用建立的基础必然是房地产开发企业的经营行为。而根据《房地产开发企业资质管理规定》，新设立的房地产开发企业可以通过申请获得暂定资质。显然，其资质并不能反映其信用如何。然而，《城市商品房预售管理办法》并未限制新设立的房地产开发企业进入商品房预售市场。对于此类市场主体，社会既不能从其信用上判定其遵纪守法之可能性，也不能使信用成为此类主体的行为成本，因为其可以通过注册新的企业继续经营。

第二，工程形象进度规定的模糊性。住房和城乡建设部在2010年4月发布的《通知》中，要求各地确定合理的工程形象进度，而并不是给出工程形象进度所应达到基本标准，由此也带来适用上的混乱，即是以价值达到或超过25%项目资金投入比例的工程形象进度为证明资金投入的唯一方式，还是在25%财务报表证明外所附加的额外负担，抑或工程形象进度与财务报表所载明之经济活动共同构成25%的项目资金投入。而且《通知》也未就工程形象进度的配套证明方式有所规定。

第三，项目抵押权人意见书制度效用有限。其一，项目抵押权人意见书制度仅在部分地方有所规定，例如北京市、山东省等。其二，项目抵押权人理解上有歧义。在建工程上存有建筑商的法定抵押权，项目抵押权人按照语义理解应当包括建筑商。而根据《山东省商品房销售条例》第7条规定的表述，“土地使用权、在建工程已经设置抵押的，还应当提交抵押权人签署的书面意见”，建筑商似乎并不包括其中，因为其为法定抵押权，并不需要另行设置，其意见提交也应当是必须事项。其三，项目抵押权人意见书制度较好地维护了抵押权人的权益，一定程度上避免了抵押权人因信息了解不及时或者契约在这一事项上的疏漏而与房地产开发企业间经济纠纷的发生。但是，其对项目抵押权益与承购人的债权间冲突问题的解决，以及项目开发资金的保障，未能有多大裨益，只是房地产开发企业与项目抵押权人间的一项利益平衡规则。

第四，住房质量保证机制不具现实意义。商品房预售许可制度固然能避免房地产开发企业因破产、解散等原因不能承担质量责任，但仍然不能避免房地产开发企业提供的具有法人资格和相应的赔偿能力的质量责任主体在其面临清算的情形下也因同样原因或资产缩水原因无法承担质量责任。两者都面临市场经济变化所带来的不确定性风险。而且其在赔偿能力这一限定条件上的模糊性，使得现实中存在太多可以规避责任的市场操作，例如另行注册一个公司出具质量担保函，进行虚假出资、或在验资后抽逃资本、或者提供质量担保的公司在出现质量事故后即行注销，都可能导致责任承担不能。所谓“应当明确企业破产、解散等清算情况发生后的商品住房质量责任承担主体”这种笼统规定，并不具有现实意义。

第五，专业机构（人士）责任规制适用范围的局限。目前，商品房预售许可制度涉及专业机构（人士）责任规制的内容，主要体现为上海市房地局2000年制定的《关于严格执行商品房预售新标准的通知》中的规定，即房地产测绘机构承担在工程形象进度和建筑面积上的虚假证明责任。多数地方性法律文件对房地产开发建设活动中的专业机构（人士）的责任规制未有涉及。事实上，相关的专业机构（人士）凭借其专业知识及职业便利在房地产开发建设中能发挥重要作用，是约束房地产开发企业的重要因素，例如律师在房地产开发企业项目融资事务及预售合同规范等事务上的约束作用，建筑事务所或者房地产测绘机构等专业主体的信息核实之作用等等。商品房预售许可制度目前于此方面作为过于局限。

第六，预售期限与预售许可证有效期限应为国家范围内适用的基本事项。预售期限中不确定因素的存在，攸关房地产开发建设风险的发生，因此应当就预售期限确定各地适用的最低限度。预售许可证有效期限是商品房预售许可应对现实所必须确定的基本事项，否则如何明确房地产开发企业在房屋建设竣工后而又未进行现售备案后的销售行为的效力，因此应当以此为商品房预售许可制度的基本事项，各地应将其纳入管理事项。

第三节　完善我国商品房预售许可制度的思考

我国商品房预售许可制度虽然在长期的演变过程中积累了丰富的经验知识，但其应用之立法策略也使其陷入简单片面的应对之境，因而在内容设计上尚存有缺陷。虽然，我们目前所处的制度变迁阶段，也许并不适于即行构建一个成熟完善的制度，但是立足于已有的立法现状，就我们所能掌握的知识，在某种程度上作一总结，提出完善建议，仍然具有一定的现实意义。

一、国内外商品房预售许可制度的立法经验之借鉴

1. 国内外商品房预售许可制度的立法范例

商品房预售制度自为香港地区所创立，便被许多国家和地区模仿借鉴。而各国和地区结合自身社会经济状况，针对商品房预售事务发展出各有特点的管理方法。其中有关商品房预售许可的内容无论差异几何，都是建立在商品房预售事务管理的一般规律上，有可为我们借鉴之处。故在此以我国香港、台湾地区及美国、法国和韩国等国家的立法经验为借鉴分析之范例。

我国内地因为明文规定商品房预售必须以获得商品房预售许可证明为前提，由此衍生出商品房预售许可制度这一规范名称。而其他国家和地区由于具体规制方法不同，名称上并不与之统一，但究其实质都是在商品房预售市场准入上设置限制条件，故此处为分析便利，统称为商品房预售许可制度。

（1）香港地区的商品房预售许可制度

香港地区有关商品房预售许可制度的成文规范，主要被规定在政府的

《土地注册处同意方案》和律师会的《非土地注册处同意方案》中。律师会的《非土地注册处同意方案》适用于预售楼花不需向政府申请许可的情形。为了保障买家的合约权益，香港律师会通过“执业指示”形式规定各执业律师在办理楼花买卖时，必须使用标准的楼花买卖合同。该标准合同的内容基本上反映了《土地注册处同意方案》的规定条件[①]。故我们在此以《土地注册处同意方案》为分析样本。

根据《土地注册处同意方案》，开发商即房地产开发企业，预售房屋的申请必须符合下列主要条件才会获准许可：

第一，项目的基础工程已经完成，并获有关政府部门批准动工兴建地上的建筑物。为此，开发商须已付清土地的地价款，项目的地基工程及打桩工程必须已完成及提供有关政府部门发出的同意动工兴建的书面文件。

第二，有关的申请需附有开发商的代表律师作出之法定声明，该法定声明必须于田土厅登记，法定声明的内容包括：

①附有买卖合同的文本，律师须声明该买卖合同包含所有政府同意预售的先决条件；

②附有使用管理维修公约的文本，律师须声明该公约文本符合指引及土地批租条件；

③附有建筑师的证明书，该证明书须证明，项目的基础工程已经完成，已经投入项目的资金数额，以及尚需多少资金方能完成该项目，该证明书出具之日已经完成的工程阶段，共享部分的总建筑面积和整个开发项目的总建筑面积，及各单元的建筑面积及整个项目全部单元合计的总建筑面积；

④律师须对项目所需资金作出声明。如果开发商已经与银行或金融机构签订在建工程抵押合同，律师须取得他们的确认书，律师还须声明，该银行或金融机构已向其律师事务所承诺，除非贷款已全部提取或以其他资金支付开发费用，否则，因任何原因取消该贷款安排，该银行或金融机构将通知该律师事务所；

⑤律师须向政府承诺，如果律师接获抵押权人通知，有关的贷款安排

---

① 周林彬、张永春：《中国大陆、香港与澳门商品房预售法律制度比较研究》，中山大学出版社2007年版，第264页。

已被取消，除非其律师事务所监管账户已经有足够的资金支付尚余的开发费用，否则律师将通知政府有关情况，如果律师不再代表该开发商，也须通知政府有关情况，在该等情况下，对尚未售出的单元而言，视为政府取消同意。律师须声明已向开发商清楚解释有关的含义；

⑥如果开发商取得的是无抵押贷款，律师须声明已收到贷款人的确认，贷款人不会在项目未完成前追索还款；

⑦律师事务所承诺以监管人身份监管预购款，并按照规定向开发商发放预购款。

第三，开发商与购房人签订的楼花买卖合同必须是政府认可的统一规范合同，包含政府指定的条款。如果楼花买卖中包括家电及其他设施，该家电及其他设施必须在合同内清楚列出。

第四，开发商必须制定《大厦管理公契》（类似于大陆的物业管理合约），以规管同一座大厦，不同楼层的所有人之间的权利义务及大厦整体管理事务。公契内容必须符合政府规定的指引。

第五，开发商必须已投入不少于30%的投资总额，包括地价款、拆迁补偿款及建筑费等。

第六，土地不得设有抵押或其他债权等，开发商从银行取得该项目建设资金，但在土地及在建工程设置的"建屋抵押合同"除外。

第七，在建工程抵押的金额不得超过地块价值的60%。如果超过地块价值的60%，则抵押权人必须承诺，根据建筑师的证明数额向开发商借出100%的总开发金额，以及当个别买家按照买卖合同缴足楼价款后解除该单元的抵押。

第八，任何人向开发商提供无抵押贷款作为开发资金，须在合同内承诺在项目未完成前不追索还款①。

此外，我们认为香港房地产市场所形成的商业惯例，即"期房最多可在竣工前的九个月预售"②，在某种程度上降低了商品房预售活动带来的市场风险，起到了规范商品房预售市场准入的作用，在一定意义上可称之为

① 周林彬、张永春：《中国大陆、香港与澳门商品房预售法律制度比较研究》，中山大学出版社2007年版，第259~264页。

② 易宪容、黄苑：《中国住房预售制度研究》，http://zhidao.duote.com/qs/1723.html，(2010年3月2日)。

商品房预售许可制度的约束条件。

（2）我国台湾地区的商品房预售许可制度

我国台湾地区自 1970 年起即以预售的方式出售正在规划中的房屋。在台湾，只要土地规划通过审批，就可以开始预售。但是，台湾地区针对因开发商原因造成的“烂尾楼”问题，制定了相应的保险制度。开发商在预售时须具有建筑商投资商业公会会员资格。预售开始时，开发商应向公会办理登录，以自己的费用为购房者负担的自备款项总额投履约保险，或由金融机构作履约保证，否则会被处以罚款并责令限期办理。根据该保险制度，开发商若不能如期交付，经购房者一定期限的催告，逾期仍不能完工并交付房屋，或者预售商品房在没有正当理由停工达 6 个月以上的，以及有其他明显将来不能交付房屋的可能的，经购房者一定期限的催告，逾期仍不能交付的，由承作履约保险或履约保证的保险或金融机构予以清理或处分。清理、处分应以继续兴建为原则，若无法继续兴建完工，承作履约保险者应办理理赔，承作履约保证者应将买者已交付的自备款连同利息偿还给购房者①。

（3）美国的商品房预售许可制度

美国并没有针对商品房预售进行专门的行政管制，其作为商品房销售方式受一般管制。在美国，所有的州都要求开发商在销售房屋之前向州有关部门递交销售企划书，大部分的州将州首席法官办公室作为负责审查开发商销售企划书的部门，只有在企划书获得批准以后开发商才能正式开始房屋销售。销售企划书具有法律效力，包括房屋价格在内的所有内容，其一旦被确认后，即不可以擅自改变。因此，开发商不能因市场经济形势之变化变更价格。由此产生的结果是，房地产市场愈好，开发商就会愈迟报送企划书，以求卖出更高价格，从而使预售时间愈短，降低了其中的不确定性风险。作为一本商品说明书，销售企划书内容分为三大部分：其一为结构部分。除了地基、外墙、车库、大厅、走廊、门窗、电气、水龙头等大项目要说明清楚外，内部的装备，例如配置的冰箱、炉灶、马桶、浴缸的品牌、尺寸、保修期等都要写明白（美国的住宅不准卖毛坯房）；其二

① 张薇：《完善我国商品房预售许可制度的法律思考》，北京交通大学硕士论文，2008 年，第 15 页。

为交易部分。该部分包括建筑商责任与风险、单元价格、单元平面图、交易手续、地税、贷款条例及买家的风险等许多法律条款；其三为管理部分。其中包括物业管理费的预算、房屋交易出租审批程序、业主委员会的选举方式和职责范围、设备的维护、清洁工具和灯泡等消耗品采购等。商品房出售后，购房者与开发商发生诉讼时，法官判决以此为依据。由于企划书内容具体详细，开发商因而在交易上没有进行不良销售行为的空间。受此约束，开发商往往是在一切不确定因素都排除了，在入住前的半年或者2至3个月，才开始预售①。

（4）法国的商品房预售许可制度

法国规定，开发商必须签订完工担保才能取得预售资格。根据其规定，完工担保制度可以分为第三方完工担保制度、内部完工担保制度及预售款清偿制度。其中预售款清偿制度是开发商在取得预售资格进行预售后，采取的替代第三方完工担保制度的措施，不能算是严格意义上的商品房预售许可制度，故在此不予论述。因此，完工担保制度具体内容可以分为以下两部分：

其一为第三方完工担保制度。法国《建筑与住宅法》R261-17条将其定义为为保障工程顺利实施，由银行或者有资格提供不动产贷款的金融机构、或者互助保险公司向开发商提供完工担保。承担了担保责任的第三方，有义务在工程遇到资金困难时向开发商提供贷款，或者支付工程建设中必须支付的款项，以保证工程的顺利完工，对工程质量缺陷或工程延期等情况不承担责任。若工程延期是由于第三方资金提供延误所导致的，则第三方需要向购房者承担相应的赔偿责任。

其二为内部完工担保制度。法国《建筑与住宅法》R261-18条规定，若开发商资金达到一定条件，被认为有能力保证工程顺利完工的，可以不需要签订完工担保。此被称之为内部完工担保，其适用有严格的约束条件，以下两项条件须至少被满足其一：①建筑工程主体完工并且没有债权人拥有其抵押权和优先权；②地基完工并且工程项目融资达到工程总投资75%以上，包括开发商的资本金、预售款总额以及银行或者金融机构提供的工程项目贷款（扣除购房者已支付给开发商的购房贷款）。如果开发商

① 田文：《美国商品房如何预售》，《中国地产市场》2006第3期，第63页。

的资本金达到总工程资金的30%，则融资达到60%即可①。

（5）韩国的商品房预售许可制度

韩国的商品房预售制度俗称为“先份让制度”，由购房者在预售中分期付款，开发商据此卖出份让权而来。因此，韩国的商品房预售许可形式被称为份让保证形式，由国家出资设立的大韩住宅保证股份有限公司为许可批准主体，其预售许可条件包括以下三个方面内容：其一为已获取土地使用权；其二为楼宇施工进行要求，楼宇工程建设进度按层数计算，应当完成总层数的二分之一以上；其三为持有大韩住宅保证股份有限公司出具的《份让保证》。

根据《关于住宅供给的规则》中的明确规定，为了确保商品房的建设适应于社会秩序，所有的开发商在商品房项目确定后，必须加入大韩住宅保证股份有限公司的保险，支付保险费，获得由其出具的《份让保证》。如果开发商或者建筑商出了问题，不能顺利建成商品房，出现工程烂尾现象，大韩住宅保证股份有限公司将强制其他的建筑商继续建设房屋，以避免购房者的损失②。

2. 我国的借鉴——风险防范机制

有如我们之前的分析，我国内地的商品房预售许可制度设计失于简单片面，以致效用不彰。借鉴其他国家和地区的立法范例，我们更能发现我国的商品房预售许可制度在内容设计上缺乏细节考虑，例如我国的预售方案与美国的销售企划书相比，在诸多细节上都未有涉及，又如香港专业人士的参与等等。这些都成为完善我国商品房预售许可制度重要的知识来源。然而，于细微处考察，我们从中所借鉴到的并不单纯是制度内容的外观设计，而更是制度设计方向上的一种把握。我国商品房预售许可制度的立法机制所造成的分散式立法局面，使得整个制度淹没在为各种管制目的而创制的众多管理措施中，却忽略了取舍一个合适的制度设计方向考量各项管理措施的合理性、效用发挥机制以及内容细节的完善，其最后失于简单片面实是情势之必然。而从其他国家和地区的立法范例借鉴中，我们能

① 吴文君：《法国商品房预售中抵押担保制度的应用》，《中国房地产金融》2008年第6期，第42～43页。

② 许晋荣：《韩国预售房制度对中国的借鉴探悉》，《财经界》2007年第4期，第52页。

发现，无论其是否以风险防范为制度设计的主要方向，抑或只是其制度实践结果中的一种，减少商品房预售中的不确定性因素，降低购房者的风险都是商品房预售许可制度实现立法目的的重要途径。

以此为角度，我们认为所借鉴的国内外商品房预售许可制度的立法经验可以做如下分析：

（1）香港地区的《土地注册处同意方案》的风险防范机制主要从项目开发权益、开发资金投入与项目融资上预防由开发商资金不足引发的风险。在项目开发权益上，开发商须已清缴地价款并获有关政府部门批准动工兴建；在开发资金投入上，开发商须完成项目基础工程，并投入30%以上的开发资金；在建工程抵押的金额超过60%的，抵押权人必须承诺，根据建筑师的证明数额向开发商借出100%的总开发金额；在抵押贷款被取消的情形下，律师必须确认预售资金监管账户内有足够资金支付尚余的开发费用，否则必须通知政府有关情况，而提供项目无抵押贷款资金的债权人则须承诺在项目未完成前不追索还款。这一机制在某些事项上减少了项目开发建设事务中的不确定因素，尤为重要的是保障开发商资金链不致因融资纠纷断裂，从而在一定程度上保证开发资金的充足，降低开发建设的风险。

（2）台湾地区强制要求开发商购买履约保险或提供金融机构的履约保证，确保购房者即使在工程烂尾情形下仍能获得完全赔偿，着重在结果上降低购房者的风险。

（3）美国的销售企划书内容具体详细，且具有确定的法律效力，开发商受此严格拘束，加之于不能变更的价格拘束，开发商的行为策略必然是在不确定因素被充分消除的情形下，才会进行预售，即在入住前的半年或者2至3个月。因此美国的风险防范机制是建立在开发商的经济理性上的，当然此中必然还有种种社会因素的作用，如成熟的社会信用体系、多元化的房地产融资环境、房地产市场的充分竞争、律师及中介机构的约束等等。

（4）法国的风险防范机制则通过完工担保制度，确保预售项目的工程建设有着充分的资金保障，或者是项目建设已排除了有重大影响的不确定性因素，即项目主体完工且不存有他项权益。

（5）韩国的风险防范机制类似于台湾地区的履约保险或履约保证。但是台湾地区的履约保险或履约保证在无法继续兴建的情形下可以选择向购房者承担赔偿责任，而韩国的份让保证制度只是规定由另外的建筑商继续建设房屋直至完工。

二、完善我国商品房预售许可制度的思考——以风险防范为制度设计方向

商品房预售的风险在于众多不确定因素的存在，如开发资金、不完全的预售合同、工程建设及房地产开发企业的信用行为等等。在劳动专业化的现代社会，房地产开发企业作为开发建设预售商品房的专业主体，在消除不确定因素及防范风险发生上拥有专业优势，而承购人在此方面处于劣势，对房地产开发企业有着较强的依赖性。建立在此基础上的法律应当为承购人这种因劳动专业化产生的依赖性提供支持，使房地产开发企业在法律严密的控制下，因消除不确定因素方面的行为而受益，而并非以将风险转移给承购人的行为而获利。也就是说，我们应当使得房地产开发企业的获利行为建立在其在风险防范方面的作为。我们在商品房预售许可制度的完善上正是以此为制度设计方向。

1. 房地产开发企业的预售信用资格体系的完善

我国法学界一般将信用界定为信赖和评价，代表学说为“民事主体所具有的经济能力在社会上获得的相应的信赖和评价”[①]。因此，信用一方面表现为民事主体的经济能力，即其为他人信赖的因素，包括诚实守信的良好品质与资本状况、生产能力等方面的因素；另一方面是指其经济能力为他人所信任的程度，是来自社会的评价和信赖[②]。在商品房预售市场上，房地产开发企业的信用要素主要表现为注册资本、技术力量、开发业绩及守法履约的品质等。目前，我国房地产开发企业信用信息形成的主要依据为房地产开发企业的资质等级和信用档案。根据《房地产开发企业资质管理规定》，其中的一、二、三、四级资质等级体现了房地产开发企业在注

---

① 杨立新：《人身权法》，中国检察出版社 1996 年版。转引自刘怡琳：《论我国商事信用法律体系的构建》，大连海事大学硕士论文，2007 年，第 4 页。

② 朱呈义：《论信用权制度在我国的创设和完善》，载王利明著《中国民法典基本理论问题研究》，人民出版社 2004 年版，第 269 页。转引自刘怡琳：《论我国商事信用法律体系的构建》，大连海事大学硕士论文，2007 年，第 4 页。

册资本、技术力量、开发业绩及住房质量上的守法履约品质方面的信用，而暂定资质（新设立的企业的资质）仅能体现其在注册资本和技术力量方面的信用。根据建设部2002年8月20日颁布的《房地产企业及执（从）业人员信用档案系统建设实施方案》，信用档案主要反映了房地产开发企业守法履约品质方面的信用，包括服务质量、良好行为和违法违规行为等。应用到具体的商品房预售交易中，房地产开发企业的信用具有以下经济特性：

（1）促成交易的达成。“在市场经济中，信任是所有交易的前提”[①]。承购人在商品房预售交易中通常要预先支付对价，而交易标的不仅价值高昂，而且尚在建设之中，种种不确定因素都使得承购人要为此承担巨大风险。房地产开发企业作为产品的提供者，其经济能力是承购人权益实现的关键。因此，承购人唯有对房地产开发企业的经济能力形成信赖，才会与之达成交易。由此可知，房地产开发企业的货币借贷交易甚至商品赊购交易亦是建立在信赖基础之上的。

（2）带来财产利益。良好的信用能为房地产开发企业带来财产利益，这是因为：第一，良好的信用一方面使得更多的承购人与之达成交易，扩大了企业的市场占有份额，另一方面使得企业可以在不会招致销量大跌的价格区间制定一个利润报酬较为丰厚的价格，增加企业的销售收益。第二，良好的信用使得企业能够较为容易获得货币借贷，以及通过赊购方式预先获得商品。第三，良好的信用能够提高企业的市场价值。在市场上，往往有信用不良或信用尚未建立的新企业通过收购信用良好的企业来扩大市场份额，其所提供的且为被收购企业认购的价格可以称之为企业的市场价值。

可以想见，如果房地产开发企业在商品房预售市场上的信用能够及时、广泛地为其他市场主体所了解，企业将不得不自发自愿地受信用约束，以维护自身的良好信用。基于此，商品房预售许可制度将房地产开发企业所具有的信用上升为企业进行预售的法律资格，无疑有着事半功倍的效用。当然，此中还存有商品房预售许可制度不得不设立预售信用资格的必然因素。因为建筑地块的不可移动性及位置的不可复制性，房地产市场

① 张维迎：《信息、信任与法律》，生活·读书·新知三联书店2003年版，第2页。

极易就某一特定地块或特定地域形成垄断市场，消费者在垄断市场上因为刚性需求的压迫将不得不对企业某种程度上的不良信用采宽容态度，与之达成交易，而贷款借出方及商品赊销方因为逐利机会的减少或为暴利吸引仍能使得信用不良企业能够达成交易。而信用是企业经济能力的反映，信用不良的企业意味着商品房预售风险的增大，其所产生的危害，是当前经济形势下的法律所不忍见的。因此，《城市商品房预售管理办法》规定房地产开发企业进行预售的必须持有资质等级证书。

但通过前述房地产开发企业信用要素的分析，我们发现商品房预售许可制度仅就资质等级所构建的预售信用资格体系是不完善的：

（1）允许仅为暂定资质的新设立企业进入预售市场，而其表现的信用信息太少，且在信用形成及维持投入上没有耗费多少成本，因此其所受之约束力过弱；

（2）尚未将房地产企业信用档案的信用信息纳入体系，致使预售许可制度在此方面不能发挥效用，例如不能在房地产开发企业的现场销售行为、如约交付商品房、信息公开等方面实现信用规制。

因此，笔者认为商品房预售许可制度应当在此方面予以完善：

（1）限制暂定资质的企业进入预售市场。新设立的企业意欲进行预售的，可以通过收购有资质的企业获得资质证明。这一方面可以提升资质在市场上的财产价值，从而激励具有预售资质的企业积极维护信用，守法履约，另一方面阻止了能力确实不能胜任房地产开发建设的企业借助预售制度盲目投机，而经济实力确实雄厚的企业可以先进行商品房现售获得预售资质，或者通过收购，整合优势资源，也能在一定程度上降低风险。

（2）将房地产开发企业信用档案的信用信息纳入体系，有不良行为记录的企业自档案记录一年内不得预售。由于房地产开发企业信用档案尚在建立阶段，因此，完善商品房预售许可制度，还须建立在信用档案的基础上，笔者与此相关的完善建议如下：

第一，细化不良行为内容。基于对资质信用信息的补足，我们认为信用档案的不良行为记录应当包括擅自销售（无证预售或未经备案销售）、预售申请资料（或销售备案资料）不实、未在预售时间公开销售全部房源、预售广告中没有明示许可证号、预售广告信息失实、未在售楼场所张贴预售许可证及预售方案等材料、组织人员假按揭、未实行销售实名制、预售合同不符合政府示范、房屋销售中的欺诈行为（一房多售、销售抵押房或售后抵押）、预售工程烂尾、延期交房（无不可抗力的原因）、未实行商品房质量保证书制度、商品房质量不合格、未按法院判决赔偿承购人等等。

第二，决定预售资质不实的不良行为记录应当有确定依据，例如行政处罚意见、法院判决及经核查属实的公众投诉等。

第三，房地产开发企业申请预售的应当提交企业的信用档案信息。企业的信用档案信息除涉及商业秘密的外，应当可以联机查询核实。

2. 预售完工保证机制的构建

商品房预售存在众多风险，然其中影响最为严重的风险莫过于重大住房质量事故与预售工程烂尾。在规制重大住房质量事故上，竣工验收制度应当是最为有效的规制方法，于此如有失误者主要在于实际执行及监督的问题。而对于预售工程烂尾之规制，除了项目资金投入的间接效用，商品房预售许可制度尚未制定有直接的规制措施。

参照之前论述，香港地区主要从项目融资上保证项目开发资金链不致因融资纠纷而断裂，从而在一定程度上降低项目烂尾的风险，台湾地区和韩国主要从保险机制上保证项目之完工，法国则是完工担保制度。鉴于其中香港的项目融资保证在资料核实上需要相当的专业知识及时间耗费，其有效运行实有赖于发展成熟的香港律师行业，“香港地区的律师事务所发展时间长、规模大、资金实力雄厚，最重要的是诚信度高。而大陆的律师制度起步较晚，一方面律师事务所在经济活动中公信力不足，诚信度不高。另一方面，大陆地区律师事务所的经济实力和规模上很少能够达到香港大律师事务所的程度，其责任承担能力不足”①。因此，在预售完工保证机制构建上，我们选择参照完工保险制度和完工保证制度。

台湾地区和韩国的强制保险都是要求所有进行预售的开发商缴纳一定的保险金，而开发商无论项目最后建设状况如何都必须付出这一代价。其中不得不考虑的问题是既然是强制保险，保险金的计算标准是否会因为商业利益衡量上一定程度的限制而缺乏经济合理性。将之放置于我国地域间

① 周林彬、张永春：《中国大陆、香港与澳门商品房预售法律制度比较研究》，中山大学出版社2007年版，第111页。

经济水平相差较大的背景下，其适用障碍难以用全国性的强制规定予以克服。在某种程度上，这是否又会削弱房地产开发企业追求精益求精的经营水平的行为动力，也是一个值得考虑的问题。

在此，笔者所主张的是由房地产开发企业就完工保险和完工担保做自由选择，但无论保险或是担保，其所提供的保险机构或担保机构必须在注册资本金上达到一定规模，在市场上具有良好信用。其中，保险机构在项目工程烂尾的情形下可以选择继续兴建，也可以选择赔偿承购人损失，应依其经济利益之衡量。因为其对于自身最大经济利益之追求在结果实践上亦是与社会利益相符。虽有不完全契合处，政府也未必对此能有完全的理性认识，实现社会利益最大化。而担保机构则负有义务在工程遇到资金困难时向开发商提供贷款，或者支付工程建设中必须支付的款项，以保证工程的顺利完工。如果因担保机构的原因未能及时提供资金导致工程烂尾或延期，担保机构应对承购人承担赔偿责任。

此外，我们应当借鉴法国的完工担保制度中的替代性机制，规定在项目主体完工且不存在抵押权益的情形下，房地产开发企业可以不用为预售项目完工提供完工保证。因为在此情形下，商品房预售中的不确定性因素大为减少，风险系数降低。而且不用提供完工保证也会相对地激励房地产开发企业使项目达成规定状态，从而在风险系数较低的情形下进行预售。

3. 预售项目资金投入构成之明确

项目资金投入阻止了自有资金不能达成该要求的企业进入，而它所引致的沉没成本也在一定程度上激励企业完成项目以获取最大收益，从而降低了风险发生的概率。其资金投入构成之明确将有助于这一效用的发挥。《城市商品房预售管理办法》规定，项目的资金投入应当达到工程建设总投资的25%。而住房和城乡建设部2010年4月发布的《通知》中要求各地合理确定工程形象进度，由于资金投入在实践中被区分为由财务报表所证明的资金投入比例和实在的工程形象进度，其适用上存在一定的模糊性。

所谓合理的工程形象进度应当在价值量上达成25%的投资比例，或是与财务报表所证明的经济活动价值一同构成25%的资金投入，抑或作为25%资金投入的财务报表外构成一项新的负担？如果以工程形象进度的价值量作为25%的资金投入证明，那么有些地方的规定可能存有不合理之处。以上海为例，七层以下（含七层）的商品房项目，应当完成基础工程并施工至主体结构封顶；八层以上（含八层）的商品房项目，应当完成基础工程并施工至主体结构三分之二以上（不得少于七层）。如果该项目仅为一栋商品房或者仅包含四栋商品房，那么此处的工程形象进度在价值量上应当是符合25%的资金投入要求的，然而对于五栋以上的项目，其规定可能并不符合要求。当然，这一解释可能有误读嫌疑，比如层数要求是项目中每栋商品房所应达到的，但是鉴于实践中相当多的项目都是以小区为单位进行分期开发，也就是说不可能要求该项目所有楼房同期都建设到同一层数。而与财务报表所证明的经济活动价值一同构成25%的资金投入，其在逻辑上也许并不容易像前者这样明确规定以至于存有破绽，但就实践理性而言，由于财务报表中存在较大的可操作性空间，其在证明资金投入的真实性及风险防范上的效用却未必比前者好。

至于在25%的资金投入外构成一项新的负担，明确规定工程形象进度的最低规模，可能在实践中优于工程形象进度与财务报表一同构成25%资金投入，而且可以清除概念逻辑上的模糊性。因为，我们可以据此将资金投入仅规定为资金数额的书面的证明，而对工程形象进度做另外要求。在全国范围内，我们可以要求项目应当完成基础工程，即地基和打桩工程，而资金投入之数额根据证明形式要求达到25%。具体到地方，其可以就自身经济水平条件，在此基础上提高要求，那么无论其是就一栋还是几栋商品房规定层数，都不会引发特殊情形下所造成的适用不能。

4. 预售期限之确定

相对于香港“期房最多可在竣工前的九个月预售”，我国实践中的预售期限通常为两到三年，时间长度较长，尚无明确的法律规制。而预售期限的风险意义体现为时间越长意味着尚有大量的工程建设未完成，而未完成的工程建设因为种种不确定因素的存在，如金融政策、税费政策、规划政策、建材价格、劳资关系及自然环境等因素，都有可能发生开发建设资金困难，从而造成的烂尾风险及自然灾害导致的工程灭失风险。而时间越短，则意味着工程建设的完成量较多，相应地其所存在的不确定因素也越少。由此确定一个合理的预售期限对于风险之防范有着较为重要的意义。

鉴于我国项目规模各有不一，我们可以针对不同规模区间的项目设置不同期限，分期开发的大项目可就每期设立期限，以确定其开始预售至竣工的时间是否合理。

5. 预售示范合同效力之强化

借鉴于美国的销售企划书制度，我们发现内容详细确定且法律效力明确的销售企划书使得房地产开发企业受到严密约束，其出于自利而往往自发自愿地在排除一切不确定因素后，才开始预售，由此降低了商品房预售的风险。反之，观之于我国相关的制度，构建了预售方案与预售示范合同等制度，在理论上都应起着类似美国销售企划书制度的作用，而实践效用却大为不如。这其中自然有种种社会因素差异所导致的法律实施效果不同的原因。但就制度本身而言，我们认为预售方案制度与预售示范合同制度两者定位的模糊性是降低其效力的根源之一。

根据《城市商品房预售管理办法》的规定，商品房预售方案包括商品房的位置、装修标准、竣工交付日期、预售总面积、物业管理等内容，基本是在商品房预售示范合同内容范围内的一种简化表述。但我们知道，商品房预售交易标的之事项信息蕴含之丰富以及微小的细节都可能对权益产生重要影响，例如商品房物理状态既需要从结构形式、户型、空间尺寸、朝向等大的方面一一描述才能确定大致轮廓，而仅以其中某一功能单位为例，其状态之确定则至少需要从地面、墙面、顶棚所用之材质、涂料以及门窗型材、尺寸、开启方式等方面进行描述。由此，要使房地产开发企业处于有效的约束，其内容表述必须深入到细节，形成严密的控制。与之对照，预售方案的内容规定所起之效用令人难以理解。因为预售示范合同的推行完全能够替代且更好地完成预售方案所应起之作用。但其与预售方案法律效力不同的是，预售方案是许可申请时强制适用的法律事项，而预售示范合同并不具有强制适用效力，“实践中开发商对示范合同肆意改变，原因在于示范条款仅仅为示范性而无强制性”[①]。而房地产开发企业由于不用受到预售示范合同所构建的严密控制，也就不用兢兢业业于消除不确定性因素，很早就开始预售。这不仅容易侵害个别交易关系中承购人的合同权益，而且其所引致的房地产开发企业的行为模式增大了整个商品房预售市场的风险。

---

① 徐江华：《商品房预售的法律规制研究》，江西财经大学硕士论文，2006 年，第 26 页。

据此，笔者认为应从以下几个方面强化预售示范合同的效力：

（1）在总结地方实践经验的基础上，统一制定全国适用的包括基本事项的预售示范合同。因为预售示范合同致力于描述商品房的客观特性，容易形成统一适用的范本。至于相关细节，各地方上所推出的预售合同在细节上与美国销售企划书不遑多让，例如北京市商品房预售合同[①]，其所缺者在于尚未形成统一适用的强制效力。

（2）明确规定价格的变动幅度。在美国的销售企划书中，价格一旦被确定便不可更改，因而促使开发商不得不于较短的预售期限内才开始预售，以防市场房价上升或者建材价格上涨导致的生产成本上升，而出现利益损失。由此可知，价格约束能够作用于开发商，促使其积极防范风险。而我国的房地产开发企业在实践中通常能够随意变更价格，缺乏这种风险约束。鉴于我国房地产开发企业经营水平及市场情势变更情形的客观存在，预售示范合同应当针对此规定一个合理适用的价格变动幅度，使得房地产开发企业基于成本收益之衡量，积极消除引致风险发生的不确定因素。

（3）房地产开发企业在申请预售许可时，须提交预售合同以备审查是否具有预售示范合同所规定之事项。或者在准许预售时，由房地产管理部门要求房地产开发企业提供其代表律师，由其保证预售过程中签订的预售合同包含预售示范合同所规定之事项，并对其违反这一承诺义务造成承购人损失的承担赔偿责任。

---

① 北京市建设委员会：《北京市商品房预售合同》，http：//down. zhulong. com/tech/detail68974. htm，（2009 年 12 月 5 日）。

第四章　我国商品房预售中预告登记制度

第一节　预告登记制度的一般理论

一、预告登记的起源、内涵

1. 预告登记的起源

预告登记在不动产登记制度中占有非常重要的地位，它起源于早期普鲁士法中规定的异议登记制度。普鲁士法分为早期和后期，早期的普鲁士法将异议登记分为固有异议登记和其他种类的异议登记。固有异议登记的目的在于保全物的请求权，并具有顺位保证的效力；其他种类的异议登记与固有异议登记有所不同，只具有保全权利的消极效力，没有保全顺位的积极效力①。

预告登记制度的发展在于后期普鲁士法，后期普鲁士法对早期普鲁士法上的异议登记仍有所保留，将其称为预告登记，并承认两种类型的预告登记："一是保全已经成立的物权的预告登记。这种预告登记属于物权保全的预告登记，也就是说登记簿存在有误载，其登载的内容与真实权利状态不符时，对于真实权利人有丧失权利的危险所采取的保护手段。二是为保全物权的移转、消灭的债权请求权的预告登记。例如为保全所有权让与合意或抵押权登记为内容之人的请求权。"② 可见后期普鲁士法所规定的预

① 王轶：《物权变动论》，中国人民大学出版社2001版，第165页。
② 王轶：《物权变动论》，中国人民大学出版社2001版，第166页。

告登记类型有此两种：第一种类型针对的是已经存在的物权，第二种保全的是实现将来物权变动的请求权。

不难看出，虽然现代预告登记制度在早期普鲁士法上的异议登记中已能看到一丝痕迹，但是现代预告登记制度的初步形成则源于后期普鲁士法所规定的第二种类型，即为保全物权的转移、消灭的债权请求权。后来德国民法承继了普鲁士法，在民法典的第二草案中，用异议登记制度替代了以前的保全物权的预告登记制度，同时承认了保全债权请求权的预告登记制度，从而正式创立了预告登记制度，《德国民法典》第 883 条第 1 款规定："为保全目的在于转让或废止一项土地上的物权的请求权，或土地上负担的物权请求权，或者变更这些物权的内容或其顺位的请求权，得在土地登记簿中为预告登记。被保全的请求权附条件或者附期限时，也准许为预告登记。"①

之后，奥地利率先吸纳，瑞士、日本民法因以德国民法为蓝本而制定，因此也吸纳了该制度。我国自上个世纪初期开始，就有预告登记的法律规定，后几经修订，最后出现于台湾地区《土地法》之中②。而在我国大陆地区，为了解决房地产市场迅猛发展过程中的秩序混乱问题，2007 年出台的《中华人民共和国物权法》第 20 条正式对预告登记制度作出了规定。

2. 预告登记的内涵

预告登记制度从它形成以来就被世界上的许多国家和地区的民事立法所采纳，并且在该制度的目的、适用、运作、效力等等方面都形成了许多具有共通性的规则，然而由于各国法律中规定的预告登记制度的具体内容上存在诸多的差异，这就导致了它们的概念在各自的法律体系中具体词语的表述上存在不同。首先在称谓上，预告登记在德国就被称为预告登记，是一个与本登记相对立的概念；但在日本预告登记是相当于德国的异议登记，"假登记"才相当于德国的预告登记。相应的，由于基于对不同的物权变动模式的选择，对预告登记的内涵的界定也是各不相同。归纳起来，

---

① 李昊、常鹏翱、叶金强、高润恒：《不动产登记程序的制度建构》，北京大学出版社 2005 年版，第 437 页。

② 王鸽：《浅析商品房预售之预告登记制度》，《台声·新视角》2005 年第 8 期。

学者们对预告登记的内涵的定义主要有以下一些观点：

预告登记是一种需要在不动产登记簿上登记记载的担保手段，它的目的也是为了能够保障债权人进行物权权利变更的债权请求权得以实现①。

日本的法律中，预备登记被分为假登记和预告登记两种，其中假登记是在进行本登记（终局登记）的形式条件或者实质条件还不完备的情况下，为了保障未来本登记的顺位，预先进行的一种登记②。

预告登记是一种相对于本登记（终局登记）来说的预备性登记（即临时性登记），它是只在进行本登记的所需要的条件还不完全具备的情况下，为了保全不动产物权的变动请求权或者是本登记的顺位而进行的登记③。

预告登记是一种在债权请求权人所希望的不动产物权变动所需要的条件还不完全具备的或者还没有成就的时候，为了保护其已经取得的在将来才能实现的物权的债权请求权而进行的登记④。

预告登记是在进行本登记之前，通过这种临时的登记，物权权利人以此来保全关于物权变动的请求权、顺位的暂时登记⑤。

德国的学者对预告登记的内涵的界定，侧重于从权利角度出发，把预告登记看成是一种担保手段，以保全债权请求权的实现为目的；日本的学者认为预告登记不仅仅是一种用来保护物权变动的请求权，而且可以通过本登记的顺位保护来确保物权本身；我国学者的观点则是立足于预告登记本身的目的，即预告登记是保全一项目的在于设立、转移、变更和消灭不动产物权请求权的登记。

综上，我们可以对预告登记作如下定义：预告登记是在不动产债权请求权人所希望的不动产物权变动所需要的形式条件及实质条件尚未完全具备的情况下，为了保障债权请求权人最终实现其物权变动的目的，或是为了保护实现债权的顺位而进行的一种暂时的、预先的登记，它是与本登记相对应的一种登记制度。

---

① ［德］曼弗雷德·沃尔夫著：《物权法》（吴越、李大雪译），法律出版社 2002 年版，第 232 页。

② 余能斌：《现代物权法专论》，法律出版社 2002 年版，第 339 页。

③ 余能斌：《现代物权法专论》，法律出版社 2002 年版，第 403 页。

④ 孙宪忠：《论物权法》，法律出版社 2001 年版，第 453 页。

⑤ 孙鹏：《不动产预告登记》，《法治论丛》2003 年第 9 期。

二、预告登记的适用范围及性质

1. 预告登记的适用范围

预告登记的适用范围，就是指可以进行预告登记的不动产物权变动请求权的范围，即哪些物权变动的请求权可以进行预告登记。实行预告登记制度的国家对此均有规定。

《德国民法典》第 883 条第 1 款规定："为保全目的在于转让或废止一项土地上的物权的请求权，或土地上负担的物权请求权，或者变更这些物权的内容或其顺位的请求权，得在土地登记簿中为预告登记。被保全的请求权附条件或者附期限时，也准许为预告登记。" 我国台湾地区《土地法》第 79 条第 1 款的规定和德国基本上一致，所规定的预告登记的适用范围均包括三种请求权：一、关于土地权利转移或使其消灭之请求权。二、土地权利内容或次序变更之请求权。三、附条件或期限之请求权。

日本的《不动产登记法》规定了预告登记制度，该法第 2 条规定："假登记（即预告登记）于下列各项情形进行：①未具备登记申请程序上需要的条件时；②欲保全前条所载权利的设定、移转、变更或消灭的请求权时。上述请求权为附始期、附停止条件或者其他可于将来确定者时，亦同。"[①] 其中第①种情形具体指本登记申请不具备必要手续条件的情形，如物权变动实质上已经发生，但需要第三人的许可，却无法得到其书面文件，无法凑齐申请所必需的文书。此种情形下的登记旨在保全物权本身。第②种情形下的登记保全的则是请求权。

由上述立法例来看，除日本的预告登记同时适用于保全物权和保全债权的请求权外，德国和我国台湾地区的预告登记都只适用于保全债权的请求权。有此差异的原因，是因为日本民法在物权变动上采债权意思主义，物权变动不以登记为生效要件，仅依当事人的意思表示而发生效力，登记前物权在实体上已经生效，只是缺少对抗第三人的效力，预告登记只是为了赋予这种实体上已发生变动的物权以对抗效力。而德国和我国台湾地区民法在物权变动上采形式主义，不动产物权之变动非经登记不发生效力，

① 余能斌：《现代物权法专论》，法律出版社 2002 年版，第 400 页。

因此只是对债权变动的请求权进行预告登记，不可能存在保全物权的预告登记。

我国《物权法》规定：当事人签订买卖房屋或其他不动产物权的协议，为保障将来实现物权，按照约定可以向登记机构申请预告登记。可见，我国《物权法》在所保全债权请求权的发生依据上仅规定了基于合同所产生的请求，但对所保全请求权的具体内容上并未做明确规定。不过从条文上可看出其预告登记适用范围是指将来发生不动产物权变动包括设立、转移、变更及消灭为目的的请求权，该请求权的具体内容只能是将来发生的不动产物权变动。由于附期限和附条件的不动产物权变动请求权本身包含着将来发生不动产物权变动的目的，自然属于预告登记的适用范围。综上，《物权法》规定的预告登记范围虽然在请求权发生依据上比较单一，仅限因合同所发生的不动产物权变动请求权，但在请求权的具体内容上基本上是与德国及我国台湾地区的民法相一致。

2. 预告登记的性质

预告登记具有跨越债权法和物权法两大领域的双重特征，因此，对于预告登记的性质，国内外的学者均有不同的看法。

首先，国外学者的观点主要有三种：

一是独立的限制权说。在德国民法中，有学者认为，经过预告登记，独立的限制物权便获得了产生。

二是非实体权利说。该说认为预告登记已经被赋予可以对抗未来意欲发生的物权变动的第三人的特别效力，但是它不具有任何实体性质的效力，只不过是一种登记法上面的制度①。类似的有瑞士民法，认为预告登记是“赋予债权以对抗新所有人的效力的特殊登记制度”②。

三是物权期待说。德国学者赖扎认为，登记前的土地所有权受让人的状态因非完全，故受让人对土地未具有权利。受让人虽得依让与请求权的预告登记受一定的保护，但该项预告登记唯有对将来权利取得予以保护而对所有权人（让与人）加以拘束，以资限制其权利。受让人纵已为预告登记，然对该土地犹未有支配权，故登记前的土地所有权受让人的权利，乃

① 陈华彬：《物权法研究》，金桥文化出版社有限公司 2001 版，第 259 页。

② 陈华彬：《物权法研究》，金桥文化出版社有限公司 2001 版，第 262 页。

非物权，而是物权之期待①。

在我国，学者们对预告登记的性质主要有如下几种观点：

第一，我国台湾学者王泽鉴先生认为："预告登记系介于债权与物权之间，兼具两者的性质，在现行法上为其定性，实有困难，可认为系于土地登记簿上公示以保全对不动产物权之请求权为目的，具有若干物权效力之制度。"② 因此，难说是纯粹的物权，也难说是一种债权的保全手段，而是物权债权化、债权物权化的具体体现。

第二，杨立新教授等认为："经预告登记后的物权变动请求权的实质性的性质，仍为债权，是法律出于保护交易安全的考虑，赋予其对抗第三人的效力的特殊债权。"③

第三，孙宪忠教授认为："预告登记是将物权法的规则施加于债权法，给予属于债权法的请求权一排他的物权效力，其本质属于物权法向债法的扩张。"④

第四，王利明教授认为："预告登记的权利是一种具有物权性质的债权，或者说是一种准物权。"⑤ 目前，大部分学者均采此种观点。

笔者也认同王利明教授的观点，即预告登记的权利是具有物权性质的债权，预告登记是债权被物权化的一种具体体现。所谓债权物权化，是指债权被赋予了物权的若干效力。从世界各国的法律规定来看，预告登记的对象范围基本上都是限定在对于不动产物权请求权上，这种请求权又是基于相关当事人之间的法律行为得以产生的，因而属于债权性质。买卖双方在不动产交易过程中基于双方合意所签订的合同，是产生债的原因之一。债的相对性决定了由此产生的权利和义务都只约束双方当事人，不发生对抗第三人的效力。权利人虽有权请求义务人将不动产物权转移给权利人，但并不能完全阻止义务人对不动产物权的再次处分。然而预告登记使得权利人的请求权有所保障，经过预告登记后的请求权具备了对抗第三人的效力，从而具备了物权的排他效力。这就限制了义务人的再处分行为，也使

① 刘得宽：《民法诸问题与新展望》，中国政法大学出版社 2002 年版，第 555 页。

② 王泽鉴：《民法物权（一）通则·所有权》，中国政法大学出版社 2001 年版，第 102 页。

③ 杨立新、宋志红：《预告登记的性质、效力和范围探索》，中国民商法律网 http://www.civillaw.com.cn/article/default.asp?id=28318，（2010 年 3 月 20 日）。

④ 孙宪忠：《论物权法》，法律出版社 2001 年版，第 454 页。

⑤ 王利明：《物权法论》，中国政法大学出版社 2003 年版，第 174 页。

预告登记权利人能够对在后处分中取得权利的第三人得主张其权利的存在。由此可见，预告登记使得债权请求权具备了物权的某些性质，从而形成了债权物权化的现象。

三、预告登记与相关登记制度的区别

1. 预告登记与本登记的区别

通常所说的不动产登记是指本登记。本登记又称终局登记，即将不动产物权的设定、移转、消灭等情形记入登记簿中，使登记申请人所期待的不动产物权变动发生效力的登记，具有确定、终局的效力。预告登记则是为了将来发生的不动产物权或顺位而进行的一种登记。实际上，预告登记完成后，并不导致不动产物权发生任何变动，只是请求权人的请求物权变动的债权性质的请求权得到了类似于物权效力的保障①。预告登记与本登记有着很多的不同。

第一，登记的对象不同。预告登记的对象是权利人的请求权，其所登记的内容不是现实的不动产物权变动，而是一种需经过一段时间以后才能实现的不动产物权变动的请求权。本登记所登记的对象则是现实的物权，即对已经完成的不动产物权的登记。

第二，登记的效力不同。预告登记后不产生任何物权变动的效果，其效力在于限制物权所有人的处分行为，目的是保证以不动产物权变动作为内容的债权请求权在将来能够得以实现，即预告登记的效力主要在于保全债权请求权。而本登记完成后，当事人所追求的设立、转移、变更和消灭的不动产物权即刻产生其对应的物权变动效果。也就是说本登记的效力在于使物权发生转移、变更和消灭，这种效力是确定的，终局的。

第三，预告登记特有的临时性。预告登记对于本登记来说只是一种临时的、短暂的登记。当具备一定的形式要件和实质要件的情况下，预告登记可以通过申请进入本登记的环节，若权利人在预告登记后，没有在一定的期限内进行不动产登记，预告登记将失效，权利人也就无法取得其预期的保护。

---

① 王利明：《物权法研究》，中国政法大学出版社 2002 年版，第 210 ~215 页。

2. 预告登记与异议登记的区别

异议登记是指事实上的权利人或利害关系人对现在登记在不动产登记簿上的权利有异议而申请的登记，其直接的效力就是能够暂时地中止现时登记在不动产登记簿上的权利人按照登记的内容为处分不动产的权利。异议登记产生后，登记内容的正确性推定作用丧失其法律效力，这时候的任意第三人也不得以不动产登记的内容有公信力为理由取得已经异议登记的不动产物权。

从前文对预告登记的起源的概述，我们可以看出，现代意义上的预告登记和异议登记均源于普鲁士法，因而它们之间有着密切的联系，存在着一定的共性。一是两者均属于预备登记，具有暂时性。预告登记本身并无独立的效力，只是在本登记时，才具有意义。因此，预告登记的命运与效力完全依赖于日后本登记是否可以作成①。类似的是，异议登记也是暂时的，当更正登记完成后，之前的异议登记自然失去效力，所以异议登记其实是一种暂时的保全登记，是更正登记的前置手段。二是两者均为保全登记，目的都是为了保证登记权利人的权利得以实现。预告登记保全的是权利人的债权请求权，而异议登记若最后作成了更正登记则保全了成立在先的物权，阻却因信赖登记簿的正确性而发生的权利取得②。

预告登记尽管与异议登记有着相似之处，但毕竟是两种不同的制度，我们不可将其混淆，其实二者存在着明显的区别：

第一，两者的前提不同。预告登记是在不动产物权变动所需条件尚未具备时而为；异议登记则是在利害关系人对不动产登记簿上的记载持有异议的前提下进行。

第二，两者保全的对象不同。预告登记在于保全债权的登记请求权，即以不动产物权之得丧、变更、消灭为标的的债权请求权；而异议登记在于保全经登记不动产物权的登记请求权，德国民法称之为登记订正请求权③。换言之，异议登记保全的权利性质是物权。

第三，两者的效力不同。其一，两者所保全的权利效力不同。预告登

① 王轶：《物权变动论》，中国人民大学出版社 2001 年版，第 169 页。

② ［德］鲍尔·施蒂尔纳：《德国物权法》（张双根译），法律出版社 2004 年版，第 365 页。

③ 蔡耀忠：《中国房地产法研究》（第 2 卷），法律出版社 2003 年版，第 596 页。

记作成后，只要是在妨碍预告登记权利人的债权请求权实现的范围内，义务人的处分行为是无效的；异议登记之后，物权人仍可处分其权利。该处分行为只要不与异议登记所保全的权利相抵触就有效。即使有抵触，主张无效的也必须说明其登记原因，否则处分行为仍然有效。其二，两者的顺位保护效力不同。预告登记在推进为本登记之后，其登记顺位以预告登记时为准，因此具有顺位保护效力；而异议登记与登记顺位无关，只是对登记正确性的异议，不存在顺位保护效力。

四、预告登记的效力

预告登记的效力是指不动产债权请求权经过预告登记，对债权人、债务人和第三人的行为产生的法律效力或者说是法律拘束力。预告登记的效力是预告登记制度的核心问题。而预告登记是在债权行为生效以后物权变动发生之前进行的，所以预告登记大致可以产生如下效力：

第一，限制物权人的处分行为，促进债权的顺利履行；

第二，排除公示公信原则的适用，确保物权变动的最终实现；

第三，保全登记申请人未来物权的优先顺位。

具体说来，其具有以下方面的效力：

1. 对登记物权人的效力

预告登记对登记物权人的主要效力为约束效力，即限制登记物权人的处分行为的效力，当登记物权人做出的处分行为妨害预告登记所保全的物权时，预告登记所保全的物权优先。对此，可以从以下几个方面来理解：

第一，预告登记实际上是一种防御保护的措施，如果登记物权人在进行预告登记后，对不动产再次处分有危及本登记物权的可能，那么预告登记就无异于徒劳，因此登记物权人的处分权应以不损害未来物权的效力为限度，即经过预告登记的物权在向本登记推进时，享有预告登记时的优先顺位。

第二，在不损害未来物权人的利益的前提下，登记物权人的再次处分具有完全的效力，其处分行为有效但其顺位要劣后（效力劣后不等于无效，效力劣后的前提是有效）。例如，不动产登记所有人甲将不动产转让给乙并办理了预告登记，但甲并不确定乙一定会履行买卖合同，于是之后又与丙订立了一个附条件的买卖合同，约定“如果乙不履行不动产买卖合同，那么该不动产的所有权就转让给丙”，甲与丙将第二个买卖合同办理了第二顺位的预告登记，可见，甲的第二次处分行为并不妨害预告登记所保护的物权，所以第二次的处分行为应该得到法律的保护。而在预告登记之间，登记顺位在先则权利优先。

第三，登记物权人违背预告登记的处分行为不产生物权的效力，但可以产生债权之效力。假如，不动产的登记所有人甲先与乙订立了买卖合同并办理了预告登记，随后甲又在丙毫不知情的情况下与丙再次订立了处分同一宗不动产的买卖合同，则甲与丙订立的合同有害于预告登记而导致物权变动客观不能，不过尽管处分行为不能发生物权变动，但如果丙在订立合同时为善意，甲与丙的买卖合同应认定有效，甲必须为自己无法转移所有权的违约行为向丙承担违约责任①。

2. 对真正物权人的效力

由于预告登记是在对于未来的物权变动还没有进行最终审核、不具备进行终局登记的情况下进行的提前登记，而登记的基础仅仅是依据债权行为对物权变动的合法性做出的初步判断。尤其是对于物权变动中可能存在的权利瑕疵，预告登记采用了推定方式，即登记名义人被直接推定为真正的权利人。但是当有确切的证据能够证明这种推定是错误的时候，预告登记自然就不能对真正权利人产生排他性效力，预告登记的权利人不得以已经办理了预告登记为由对抗真正权利人②。

3. 对第三人的效力

为了保护市场交易的安全，物权法确认了公示公信原则。登记簿中的记载有推定之正确性，因信赖登记簿而进行交易的第三人被推定为善意。而预告登记制度的存在使物权在初步具备登记条件的情况下就可以提前办理预告登记，将不动产上的债权请求权记载于不动产登记簿上向社会公众进行公开公示，这样就能有效地阻止物权人的再次处分行为。由于预告登记在先，已经向第三人的交易安全发出预警，第三人也就不再具备适用公

① 周林彬、张永春：《中国大陆、香港与澳门商品房预售法律制度比较研究》，中山大学出版社2007年版，第216~217页。

② 周林彬、张永春：《中国大陆、香港与澳门商品房预售法律制度比较研究》，中山大学出版社2007年版，第217~218页。

示公信原则的可能性。因为第三人在明知存在预告登记的情况下所进行的交易将被认定为具有主观恶意，不可以再主张自己是相信登记簿的善意第三人。

可见，预告登记能有效阻止物权人对不动产再次处分的违背诚信的行为，并通过自身的排他效力排除了第三人主张善意取得之可能。

4. 对国家公权力的效力

预告登记对国家征收、法院判决和强制执行等是否也有排他之效力，德国民法采用肯定说，《德国民法典》第 883 条第 2 款规定："预告登记之后，对土地权利或土地权利负担的权利所为的对保全的请求权的一部分或者全部构成损害的处分，为无效。以强制执行或者假扣押方式所为的处分，以及由破产管理人所为之处分，亦同。"我国台湾地区《土地法》则采否定说，该法第 79-1 条第 3 款规定："预告登记，对因征收、法院判决或强制执行而为新登记，无排除之效力。"对此，有学者解释认为，创设预告登记制度的目的就是为了确保物权变动的发生，维护登记申请人对未来物权的信心，如果法律又特别规定预告登记对于征收、法院判决或强制执行而为的新登记不发生排他的效力，无疑会动摇预告登记名义人对未来发生物权变动的信心，减损整个预告登记制度在维护交易安全方面的重要功能[①]。

第二节　我国商品房预售中预告登记制度之价值、现状及其不足

一、商品房预售中预告登记制度的价值

1. 商品房预售中预购人的法律风险

商品房预售制度的最大特点就是预购人在支付房屋对价时，房屋尚未

① 周林彬、张永春：《中国大陆、香港与澳门商品房预售法律制度比较研究》，中山大学出版社 2007 年版，第 218 页。

竣工，合同签订之后需等待相当长的时日才有可能入住。该制度设立的初衷在于促进房地产市场的市场资金的流转速度以及减少购房者支付的压力。但是交货周期长的特点本身就使得交易蕴含着极大的风险，因为在如此长的时间里不可测因素有很多，交易标的的不确定性导致预购人所面临的法律风险比一般的现房买卖大很多。由于可能发生的风险种类繁多，本书在此不一一列举，只简述以下两种：

（1）预售人“一房二卖”

案例的引入——友通实业公司“一房二卖”案

2001 年 12 月 31 日，重庆市江北区的王星亚与开发商重庆市友通实业公司签订了商品房预售合同，向友通公司购买了正在建设中的位于綦江县古南镇的建筑面积共 100 余平方米的两间商铺。合同特别约定，开发商保证销售的商品房没有产权纠纷和债权债务纠纷。王星亚于当日向友通公司交购房款 20 万元。

其实，王星亚购买的商铺中的一间，早在 2001 年 9 月已被友通公司卖给了他人。2003 年 3 月 24 日，友通公司又将另一间商铺卖给了他人，并均在商铺建成后办理了交付手续和产权证。王星亚向友通公司交涉未果后，将友通公司告上了法庭，请求判决解除与友通公司签订的商品房预售合同，由友通公司返还购房款 20 万元，并赔偿损失 20 万元。

法院认为，友通公司与王星亚签订商品房预售合同前后，分别将两间商铺卖给了他人。现两商铺已被他人实际占有，并办理了产权证，导致王星亚不能实现合同目的，无法取得房屋所有权。王星亚的诉讼请求合法，应予以支持。随后判决解除双方签订的房屋买卖合同，开发商返还买方人所交的购房款 20 万元，并按购房款赔偿 20 万元①。

这是一起典型的“一房二卖”情形的案例。预售人友通公司与王星亚签订商品房预售合同在先，约定将在建中的两间商铺卖给王星亚，后者亦交付了购房款 20 万元。但是，友通公司并未信守承诺，而是将两间商铺先后卖给他人，并均办理了交付手续和产权证，以致王星亚与友通公司签订的商品房预售合同无法继续履行，王亚星的合同目的落空，无法取得商品房所有权。最后王星亚只能诉诸法律，要求友通公司返还购房款并赔偿损

① 杜云发：《开发商一房二卖买房人双倍获赔》，《人民法院报》2007 年第 1 期。

失，法院支持了王星亚的诉讼请求。然而，预购人遇到这样的情形时，只能通过违约赔偿的方式获得救济，尽管司法解释对这种违约赔偿做出了较高数额的规定，但由于不动产价值较大且与人们的利益密切相关，只单纯运用违约赔偿有时对守约方利益的保护力度显得不足。

（2）预售人对在建工程进行抵押后又进行商品房预售

预售商品房抵押和在建工程抵押虽然均属于商品房抵押，但二者的设置条件和形式是完全不同的。在建工程抵押是抵押人（房地产开发企业）为取得在建工程继续建造资金的贷款，以其合法方式取得的土地使用权连同在建工程的投入资产，以不转移占有的方式抵押给贷款银行作为偿还贷款履行担保的行为。而预售商品房抵押是指预购人在支付首期房屋价款后，由贷款银行代其支付其余购房款，将所购商品房抵押给贷款银行作为偿还贷款履行担保的行为。我国关于预售商品房抵押的法律定义目前只见于《房地产抵押管理办法》第 3 条第 4 款："购房人在支付首期规定的房屋价款后，由贷款银行代其支付其余的购房款，将所购的尚未建成的商品房（包括已建成但未办理登记的商品房）抵押给银行作为偿还贷款履行担保的行为。"

换言之，"在建房屋"尚未出售的情况下，房地产开发企业可以作为抵押人设定抵押，而对于已经预售了的在建房屋，预售人不可再设定抵押。在同一栋商品楼里，部分商品房已经预售，部分商品房没有预售，则房地产开发企业只能对没有预售的部分商品房设定抵押。

商品房预售款可用于该商品房的后续建造，但实践中预售款的回收需要较长的时间，为了尽快完成工程建设，房地产开发企业往往用在建工程作抵押向银行申请贷款以解燃眉之急。同时房地产开发企业为了资金及时回笼，尽快还贷，又会将该在建房屋进行商品房预售，这种做法在实践中很容易侵害预购人的权益。《中华人民共和国担保法》第 49 条规定："抵押期间，抵押人转让已办理登记的抵押物的，应当通知抵押权人并告知受让人转让物已经抵押的情况；抵押人未通知抵押权人或者未告知受让人的，转让行为无效。"因而前述预售行为可能会造成以下法律后果：首先，因违反《担保法》的规定而造成房屋买卖行为无效，房地产开发企业需承担违约责任；其次，损害了购房者的权益，因为购房者获得的权利是带有瑕疵的，不完整的。

2. 商品房预售中预告登记制度的价值

在商品房预售中，预购人面临的诸多债权风险，究其原因在于债权天生不具备对抗第三人的法律效力。预购人依据与预售人签订的预售合同享有的只是债权请求权，而债权的平等性和非排他性注定其既不具有优先于他人债权的特性，也无法与他人的物权相对抗。要想对预购人的债权风险进行有效防范，必须抓其根本，赋予预购人债权以物权的排他效力，从而保障预购人的合法权益，而预告登记正是这样一种为了防范债权不能实现的风险而设计的保全债权的制度，它通过将物权的公示手段适用于债法上的请求权，使债权具备对抗第三人的效力，这同时也在一定程度上限制了债务人及其他物权人的处分权，因而可以很好地保护不动产物权变动相对人的权利。对于商品房预售来说，预告登记制度作为一种利益平衡机制具有如下几个方面的意义：

第一，预告登记制度有利于平衡权利人的弱势地位，保障权利人的合法利益。在商品房预售实践中，房地产开发企业基于对不动产的实际管领和控制，天然处于主动和强者的地位。为了追求自身利益的最大化，房地产开发企业可能会随意地根据市场价格波动强行撕毁合同，将不动产转让给第三人。相对权利人因无法阻止出卖人的此种违约行为，利益受到很大的损害，因此有效的保护对不动产物权的请求权也就显得殊为重要。经过预告登记后，权利人的债权请求权被赋予了物权的排他效力，出卖人违约的处分行为无效。权利人可以主张债权和物权的双重保护，既可以对出卖人主张违约损害赔偿，也可以向受让人主张返还房屋，这极大地保护了买受权利人的利益，使交易双方的地位趋于平等。

第二，预告登记制度有利于降低交易成本，促进公平交易。为了防止交易过程中的欺诈行为，保证交易活动正常进行，交易双方充分了解交易客体的权属状况是前提，例如权利人是否真正享有不动产物权，不动产物权的负担状况如何（是否已设定抵押），不动产物权的存续期限，等等①。信息公示制度的缺失，必然导致当事人投入大量的精力、物力去调查了解，这样不仅会增加交易成本，阻碍交易关系，而且也给欺诈行为提供了

① 赵亮：《预告登记制度研究》，中国政法大学硕士论文，2006 年。

可趁之机。进行不动产的预告登记后，当事人看到的是很明晰的不动产物权的权属状况。潜在的交易方由此而知该不动产上已经设立了具有排他性权利的事实，这就警告了第三人，如果其进行违背物权变动的交易可能会有被确定为无效的风险。这样既降低了当事人的信息调查成本，又减少了交易风险，营造了公平交易的氛围，从而保障了请求权人和第三人的利益。

第三，预告登记制度有利于维护不动产交易安全，促进不动产市场健康、有序的发展。对于不动产市场而言，若法律制度不健全，会导致一部分唯利是图的人钻法律的漏洞，影响交易市场的稳定性，扰乱交易秩序。预告登记制度的存在弥补了这一缺陷，起到了提前警示的作用，使得追逐利益的出卖人不得不收敛其违约行为，增强了买受人的交易信心，从而维护了不动产交易安全，促进其良性循环，进而促进不动产市场健康、有序的发展。

二、我国商品房预售预告登记制度的现状

1. 商品房预售合同登记备案与预告登记的联系与区别

《中华人民共和国城市房地产管理法》第44条第2款规定："商品房预售人应当按照国家有关规定将预售合同报县级以上人民政府房产管理部门和土地管理部门登记备案。"国务院1998年发布的《城市房地产开发经营管理条例》第27条第2款以及建设部出台的《城市商品房预售管理办法》第10条也做了类似的规定。然而现行相关法律规定并未明确商品房预售合同登记备案的性质、效力及法律后果。

目前，学术界对商品房预售合同登记备案的性质主要有两种观点：

一是预告登记说，持此观点的学者认为，登记的主要功能在于通过商品房的预售登记保护买受人所享有的权利[①]。

二是行政备案说，主张这种观点的学者认为，虽然商品房预售合同要求备案，但它仅仅是一种备案而已，更多的是具有行政管理的色彩。这种备案与预告登记有着根本的区别，而且我国的法律也没有规定这种登记备案有什么样的法律效力，因此这种登记备案没有预告登记的功能[②]。

---

① 王利明：《试论我国不动产登记制度的完善（下）》，《求索》2001年第6期。

② 余能斌：《现代物权法专论》，法律出版社2002年版，第404页。

笔者赞同第二种观点，即商品房预售合同登记备案不具有预告登记的性质，它更多地体现的是一种行政管理功能。因为商品房预售合同登记备案与预告登记的区别主要有以下几方面：

首先，适用范围不同。商品房预售合同登记备案与预告登记，前者只适用于商品房，而后者适用于所有的不动产。不动产的范围包括了商品房，因此预告登记的适用范围大大超过预售合同登记备案的范围。

其次，登记的目的不同。商品房预售合同登记备案是对预售合同的登记，保全的是商品房预售合同。而预告登记是对债权请求权的登记，保全的是权利人的一种请求权。这种差异导致预售合同登记备案并不具有预告登记特有的权利保全和确保交易安全的功能。

再次，效力不同。我国现行法律并未明确预售合同登记备案的效力，《城市房地产管理法》和《城市商品房预售管理办法》均对预售合同登记采用的是"备案"的说法，而"备案"并非是一个严谨的法律术语，仅仅是国家对不动产交易的一种管理方式。而法律对预告登记的登记效力有明确的规定，预告登记能产生保全权利或权利顺位的效力。

最后，权利义务设置不同。商品房预售合同登记备案的申请人是商品房预售人，同时其也是预售合同登记备案的义务人，法律并未规定买受人对预售人的预售登记请求权。而预告登记的申请人为享有请求权的权利人，义务人为不动产的现实所有权人。

可以说，预告登记是法律赋予请求权享有人的一种权利，预告登记遵循当事人自愿原则，属于私法范畴。预售合同登记备案则是法律对商品房预售人规定的一项公法上的义务，是国家对预售合同和预售行为进行行政监管、宏观控制房地产交易的一种形式，带有浓厚的行政色彩。

虽然商品房预售合同登记备案与预告登记有着本质的区别，但两者之间也存在着一定的联系。根据住房和城乡建设部 2008 年 2 月 15 日颁布的《房屋登记办法》第 70 条的规定："申请预购商品房预告登记，应当提交下列材料：（一）登记申请书；（二）申请人的身份证明；（三）已登记备案的商品房预售合同；（四）当事人关于预告登记的约定；（五）其他必要材料。预购人单方申请预购商品房预告登记，预售人与预购人在商品房预售合同中对预告登记附有条件和期限的，预购人应当提交相应的证明材料。"从该条文可以看出，商品房预售合同登记备案是办理预告登记的前提，也就是说只有在房地产开发企业履行了预售合同登记备案的义务之后，才能申请办理预告登记。

笔者认为，此条规定不利于预购人申请预告登记权利的实现，存在一定的不合理性。根据《城市商品房预售管理办法》第10条的规定，法律将办理预售合同登记备案作为预售人即开发商的一种行政义务，并未赋予预购人要求预售人办理预售合同登记的权利，一旦开发商拖延办理或者不予办理，承担的只有行政上的责任，民事责任则没有被提及。而新的《房屋登记办法》又将办理预售合同登记备案作为预告登记申请的前提，使预购人在预告登记中处于完全被动的地位。尽管新的《房屋登记办法》第69条规定："预售人和预购人订立商品房买卖合同后，预售人未按照约定与预购人申请预告登记，预购人可以单方申请预告登记。"该条赋予了预购人单方申请预告登记的权利，但是由于预购人在预售合同登记备案中相应权利的缺失，使得预购人申请预告登记的权利得不到充分的保障。

2. 商品房预售预告登记的申请与登记

(1) 预告登记的产生

我国《物权法》第20条中规定："当事人签订买卖房屋或者其他不动产物权的协议，为保障将来实现物权，按照约定可以向登记机关申请预告登记。"从此条可看出，预告登记的产生条件是按约定，即双方当事人基于合意签订合同后，向登记机关申请，由此产生预告登记。可见我国的预告登记是有当事人的合意才能产生，双方约定申请预告登记，并不能说明一定要双方一起申请，但当事人能否单方面申请并不能从此规定中得到明确答案。

不过新颁布的《房屋登记办法》第69条规定："预售人和预购人订立商品房买卖合同后，预售人未按照约定与预购人申请预告登记，预购人可以单方申请预告登记。"可见，在商品房预售中，预告登记既可以由双方当事人一起申请，也可以在预售人未遵守约定时由预购人单方申请。

(2) 预告登记申请行为的性质

对于预告登记申请行为的性质，学界对于该行为是否属于法律行为存在分歧。有学者认为登记申请的性质是物权行为，因为在申请登记中申请人必须有要求确认其对物有所有权的意思表示，申请登记包含申请人取得所有权或转移所有权的目的。

孙宪忠教授认为："登记同样是一种法律行为，而作为法律行为，必须考量登记中的意思表示。"① 所谓法律行为，是指民事主体之间以意思表示为要素而依这一意思表示发生法律效果的行为②。笔者认为，虽然登记申请属于申请人向登记机关作出的请求其履行登记行为的意思表示，但是不能将之归于法律行为。因为作为受领请求的登记机关，并不能基于自身利益的考量依自主意思决定接受或者不接受申请，不是法律行为意义中的民事主体。在基于法律行为发生的物权变动中，物权变动的当事人在申请登记时就已经明确地就物权变动达成了合意，基于此种合意，再向登记机关作出请求其进行登记的意思表示，此意思表示并不是法律行为中的意思表示，仅仅是一种程序性行为，是单方行为。因为物权的变动经登记才生效，物权变动当事人为了实现物权变动的最终效果，必须为申请登记的程序性行为。在登记机关接受申请登记的意思表示后，经过审查、记载，即可发生申请人想要发生的私法效果。但登记机关对登记申请的受理只是其履行职责的行为，对于申请人符合法定条件的申请只能接受，我们可以将登记机关的受理行为定性为"登记许可"。

因此，登记申请的性质是债权行为。其最突出的表现就是登记申请不能被撤销，即使当事人主观上并没有申请登记的意愿，只要向登记机关递交了登记申请及相关文件，且登记机关据此办理了登记，就足以表明申请作为程序行为已经运行并因为最终效力的产生而失去了意义。如果不肯定这一点，就将导致整个登记程序丧失不可逆性的基本运作规律和特点，登记程序也就不足以称为程序③。

（3）商品房预告登记申请应提交的文件

新出台的《房屋登记办法》的第70、71条对申请预购商品房预告登记和申请预购商品房抵押权预告登记需提交的文件分别做了规定，具体如下：

第70条　申请预购商品房预告登记，应当提交下列材料：

① 孙宪忠：《中国物权法总论》，法律出版社2003年版，第248页。

② 魏振瀛：《民法》，北京大学出版社2002年版，第135页。

③ 郑瑞琨：《房地产交易》，法律出版社2007年版，第30页。

（一）登记申请书；

（二）申请人的身份证明；

（三）已登记备案的商品房预售合同；

（四）当事人关于预告登记的约定；

（五）其他必要材料。

预购人单方申请预购商品房预告登记，预售人与预购人在商品房预售合同中对预告登记附有条件和期限的，预购人应当提交相应的证明材料。

第 71 条　申请预购商品房抵押权预告登记，应当提交下列材料：

（一）登记申请书；

（二）申请人的身份证明；

（三）抵押合同；

（四）主债权合同；

（五）预购商品房预告登记证明；

（六）当事人关于预告登记的约定；

（七）其他必要材料。

（4）商品房预售预告登记的内容

我国法律没有详细规定登记的内容。在一般情况下，房屋预售登记的内容应当与现房登记的内容一致，因为现房应当以预售登记为准，但有可能预售登记发生错误导致预售登记的内容与现房登记的内容不符。在此情况下，预告的买受人有权根据预告登记请求登记机关注销现房的登记。

（5）商品房预售预告登记的费用

《中华人民共和国物权法》第 22 条规定："不动产登记费按件收取，不得按照不动产的面积、体积或者价款的比例收取。"上海市房地产管理局的《房地产交易登记收费一览表》中规定：预购商品房及其转让的预告登记，应对申请人收取每套 50 元的费用；以预购商品房（个人住房仍按房地产他项权利登记中的个人住房抵押权利登记收）设定抵押及其抵押权的转让、以房屋建设工程设定抵押及其抵押权的转让等的预告登记按抵押、设典权利登记收费标准收取。

3. 商品房预售预告登记的消灭

（1）商品房预售预告登记消灭的原因

世界各国对于预告登记消灭的原因的规定主要有如下几种：请求权人

放弃请求权并在不动产登记簿中涂销之；预告登记所保全的请求权所指向的物权已经纳入登记，而将该预告登记涂销；预告登记所保全的权利人届时不行使其权利，不动产物权人行使涂销请求权；因行使期间的经过而自然消灭；如果预告登记中有禁止请求权之移转的规定，则因该请求权之让与而消灭；因假处分而进行登记的，由于假处分的废止而消灭①。

我国《物权法》规定：预告登记后债权消灭或者自能够进行不动产登记之日起三个月内未申请登记的预告登记失效。也就是说，我国预告登记消灭的原因有以下两种：

第一，债权消灭。由于预告登记从属于其所保障的不动产物权变动的请求权，并以该请求权的有效存在为前提，因而一旦发生请求权人放弃债权、请求权所指向的物权已经纳入登记以及双方发生混同、抵押等债权消灭的事实，预告登记即告失效。法院可以基于当事人的主张，认定债权消灭的事实并以其消灭之日确认预告登记失效。

第二，权利行使期间经过了，即请求权人届时不行使权利。此项规定实为督促预告登记权利人积极依照约定的条件或期限行使请求权，如及时支付剩余的房款或及时办理房屋所有权登记等，以平衡双方当事人的利益，防止使相对人的处分权长期处于限制状态，影响财产经济效益的发挥。但实践中较难把握的是对“自能够进行不动产登记之日”的认定，此期间应解释为除斥期间，不存在中断、中止和延长的问题。对其认定需要在探索实践的基础上细化其操作条件，以妥当处理好相关纠纷，促使请求权人积极行使请求权，有效地保障房地产交易，规范房地产市场的秩序②。

(2) 商品房预售预告登记消灭的方式

我国台湾地区的《土地登记规则》第28条规定：预告登记的涂销申请应由权利人或登记名义人单独申请。日本的《不动产登记法》对预告登记的涂销规定了嘱托登记和径为涂销两种程序。就前者而言，是在预告登记名义人所依赖的诉讼被驳回，或败诉、撤诉，舍弃请求或就请求标的和解等场合，由一审法院于嘱托书上附具裁判誊本或节本、或法院书记官所做的证明诉讼撤回、舍弃或和解的证书嘱托登记机关而为的涂销；就后者

① 张柳青、单国军：《物权法审判实务疑难精解》，中国法制出版社2007年版，第86页。

② 张柳青、单国军：《物权法审判实务疑难精解》，中国法制出版社2007年版，第85～86页。

而言，是指于预告登记名义人胜诉后进行涂销或回复登记时，登记官径为的对预告登记的涂销。该法还规定了涂销的方法：应以红笔涂销应涂销的登记①。

我国《物权法》并未明确规定预告登记的注销程序，但我国一些地方性法规对预告登记的注销做出了若干规定。例如，最新修订的《上海市房地产登记条例》第56条规定：经预告登记的房地产权利依法终止或者预告登记失效的，当事人申请注销登记应当提交下列文件：（一）申请书；（二）身份证明；（三）经预告登记的房地产权利依法终止或者预告登记失效的证明文件。此处规定的预告登记失效的证明文件，是指预告登记有关当事人的书面约定或者法院判决、仲裁裁决。第57条中规定：准予注销预告登记的申请人是房地产权利变动法律文件记载的当事人。

三、我国商品房预售预告登记制度的不足

我国《物权法》对预告登记制度的规定仅仅是原则性的概括规定，具体实施起来仍有不少困难，显然我国预告登记制度的发展还只是处于初期阶段，需要在实践探索中进一步完善。

1. 预告登记的产生与消灭的规定不全面

前文已提过，根据我国《物权法》的规定，我国的预告登记是有当事人的合意才能产生，需双方约定申请预告登记。因而在商品房预售中，权利请求人对预告登记的申请必须基于预告登记义务人即预售人的协助这一种发生条件。如果义务人不愿意进行协助，拒绝约定预告登记，权利人的权益就无法得到保障。另外，《房屋登记办法》中规定，预购商品房进行预告登记申请必须提交的文件之一是已备案的预售合同。预售合同备案是预售人的单方义务，但我国现行法律并未对预售人违反此项义务所应承担的法律责任作出具体规定，同时也未赋予预购人要求预售人进行预售合同备案的权利，因此当预售人怠于履行预售合同备案的义务或者拖延履行此项义务时，预购人的预告登记申请权利也就难以实现了，这不符合民法中的公平原则。

① 李昊、常鹏翱、叶金强、高润恒：《不动产登记程序的制度建构》，北京大学出版社2005年版，第364～366页。

对于预告登记的消灭原因，我国规定了两种情形：一是债权消灭；二是权利行使期间经过了自能够进行不动产登记之日起三个月内未申请登记的。在第一种情形下，双方当事人的债权消灭，自然不用再进行本登记，预告登记由此消灭。但第二种情形所涉及的时间不够明确，不利于预告登记权利人行使其权利，因为预告登记权利人未必知道何时不动产才能进行登记。在商品房预售中，开发商与预购人在商品房的相关信息上并不是处于平等的位置，开发商基于对商品房的实际管领和控制，天然地处于优势地位，很有可能拖延告知预购人何时可进行不动产登记，而预购人在未必知道商品房何时才能进行本登记时，就更无法在能够进行商品房登记之日起三个月内申请登记了。

至于在预告登记消灭的方式上，我国现行法律更是没有做出明确规定，既没有规定预告登记涂销的申请人范围，也没有规定预告登记涂销的具体程序。

2. 预告登记的效力规定有所缺失

一般的通说认为，预告登记的效力有四项，即保全权利的效力、保全顺位的效力、预警效力和破产保护效力。我国的《物权法》第 20 条中规定："预告登记后，未经预告登记的权利人同意，处分该不动产的不发生物权的效力。"从该法条可看出我国《物权法》对于预告登记只规定了保全权利的效力，而没有明确预告登记的其他三种效力。由于预告登记的效力是预告登记制度的核心内容，效力的缺失将导致预告登记制度不能真正发挥其应有的功能，从而无法更加稳妥地、有秩序地保护好相关当事人的利益。

其次，在预告登记的保全效力上，学理上主要有两种理解，相对无效和绝对无效。从我国《物权法》的规定中看不出"不发生物权效力"是相对无效还是绝对无效。相对无效是指在预告登记后，未经预告登记权利人同意，对于处分不动产的行为，只有在该处分行为在预告登记的范围内侵犯了预告登记权利人的请求权时才为无效，而在预告登记范围外无碍于权利人请求权的处分行为是有效的。绝对无效，也就是禁止处分主义，即在预告登记后，不经预告登记权利人同意，任何处分不动产的行为始终是无效的。

根据建设部出台的《房屋登记办法》第 68 条的规定："预告登记后，未经预告登记的权利人书面同意，处分该房屋申请登记的，房屋登记机构应当不予办理。”由此可看出，我国在实践中采取了绝对无效主义原则。但是在预告登记推进到本登记的这段时间内，并不是所有的中间物权处分行为都会损害先前预告登记的权利，因为一物之上可以存在互不冲突的两个物权。由于预告登记也完全可能最终无法推进到本登记，绝对无效主义的做法很可能使得物权人失去交易机会，有违公平原则。

另外，对于公权力介入时预告登记的效力问题，我国《物权法》并未提及，如果出现国家征收、法院强制执行等情形时，如何界定两者的效力将成为难题，不利于实践中预告登记的具体执行。

3. 预告登记的登记审查及信息公开制度不完善

在预告登记的实践中，由于没有建立审查机制，登记机构的登记人员常常会因为缺乏法律的监督而没有责任感，从而因故意或重大过失导致登记错误的发生，这将会对预告登记权利人的权益造成很大损害。登记的审查与登记的责任是紧密联系的，如果没有审查机制，发生登记错误就很难确定责任由谁来承担的问题。但是在这方面，我国的相关法律还不够完善。

《物权法》第 18 条对于我国登记制度的信息公开方面有所规定：“权利人、利害关系人可以申请查询、复制登记资料，登记机构应当提供。”可见，我国的不动产登记信息是可以进行公开查询的，但是要到登记机构申请，办理一系列查询手续，不够简便快捷。这种方式不仅增加了第三人的经济成本，也不利于预告登记权利人和第三人及时知悉不动产变动的情况，从而无法真正保护其权益。

4. 预告登记制度存在的其他问题

除了上述不足外，在预告登记制度的运行中还存在着以下方面的问题需要完善。

第一，对预告登记申请程序的规定比较简略，只规定了双方当事人需按约定到登记机关申请，而没有规定具体的申请步骤。虽然之后出台的《房屋登记办法》对申请人应该提供的材料作出了列举，但没有规定接下来如何具体操作，这不利于当事人在实践中行使自己的权利。

第二，我国《物权法》第 10 条虽然规定国家对不动产实行统一登记制度，但是统一登记的范围、登记机构和登记办法还没有相关的具体规定。由此造成了登记机关设置分散，各地各部门各自为政的情形，在不利于管理的同时也给申请预告登记的当事人带来诸多不便。

第三，在商品房预售中，预购人交纳了全部购房款并进行预告登记后，从某种意义上来说其已经对商品房拥有了一定的物权，应该享有处分该不动产的权利。然而我国现行法律中没有规定预告登记的转让，尤其在商品房预售中禁止预购人对预售商品房的再转让，这不利于预购人利益的保护。

第三节 我国商品房预售预告登记制度的完善

一、对预告登记的产生与消灭规定的完善

1. 增加预告登记的产生条件

在世界各国和地区的立法实践中，对于预告登记的产生途径一般认可两种方式：一是经预告登记义务人同意；二是在义务人不同意，然而请求权处于需要保全的情形，可以根据假处分的原因而纳入登记。假处分是指法院为保全某种请求权或者保全法律的某种和平状态而下达的有临时效力的命令，其性质相当于我国司法中的保全措施①。在请求权遇到危险情况下，权利人可以单方面向法院申请预告登记。基于假处分而进行预告登记时不必说明依假处分所保全的请求权有特别危险存在的事实，只需说明有请求权存在即可②。

我国的预告登记制度应增加第二种产生方式，这样在义务人拒绝进行协助时，预告登记权利人也可能基于法院的假处分而进行预告登记，以切实保护自己的权益。

2. 增设预购人预告登记申请权得以实现的保障条件以保证预告登记的切实产生

本书第二部分中已述，预告登记的申请以预售合同登记备案的发生为

① 孙宪忠：《德国当代物权法》，法律出版社 1997 年版，第 157 页。
② 余能斌：《现代物权法专论》，法律出版社 2002 年版，第 398 页。

前提，但预售人很可能怠于或迟延履行预售合同登记备案的义务，这样预购人的预告登记申请权因缺少已备案预售合同这一要件而难以实现，自然也就不能产生预告登记。我国应该在现行法律中明确预售人违反预售合同登记备案义务时所应承担的法律责任，并相应地赋予预购人督促、要求预售人进行预售合同登记备案的权利，使得预购人在预售人违反其应履行的义务时能够寻求法律救济，保障自己的预告登记申请权顺利得以实现，从而保证预告登记的切实产生，以保护预购人对将来物权变动的债权请求权。

3. 明确预告登记的消灭条件及消灭方式

首先，对于我国《物权法》中关于预告登记消灭的第二种情形应当予以明确。不动产能够登记的起始日这一重要信息需及时以能确保权利人知悉的方式公布。应强行规定在商品房能够进行登记时，预售人必须以电话、电子邮件、信函等可以让预购人知悉的方式及时通知预购人。另外，为确保权利人的利益，在超过不动产能够登记之日起两个月内，若义务人到登记机关将不动产申请为预告登记权利人以外的人，登记机构负责人应当要求审查是否有预告登记权利人放弃申请的证明或其他相关证明。

其次，要明确预告登记的消灭方式。应在我国现行法律中规定预告登记消灭的具体操作方式。注销预告登记的申请人范围可规定为权利人和登记义务人。在申请方式上，双方共同申请或者一方单独申请均可。而注销预告登记的依据是经预告登记的房地产权利依法终止或者预告登记失效的证明文件，其中预告登记失效的证明文件应包括有关当事人的书面约定或者法院判决、仲裁裁决。

二、对预告登记的效力的完善

1. 补充预告登记的效力类型

预告登记的权利保全效力、顺位保全效力、破产保护效力、预警效力为很多国家所接受并运用。我国《物权法》对预告登记制度只明确规定了权利保全效力是远远不够的，应该补充增加其余三种效力类型，这样才能将预告登记的真正作用完全释放出来。

首先，顺位保全效力是指预告登记可以使被登记的请求权保持优先地位，具有排斥后序登记权利的性质。根据德国《民法典》第883条第3款的规定："转让权利的请求权，其顺位按预告登记之登记日期确定之。"同时日本《不动产登记法》第7条第2项也规定："已为预告登记的场合，本登记的顺位，依假登记的顺位确定。"我国台湾地区的法律虽然没有明文规定，但有学者认为，依法理应与德国法为同样的解释[①]。可见，当预告登记推进为本登记时，本登记的时间溯及至以预告登记的时间为准，本登记的权利位于预告登记之后，本登记前所为一切权利之前，也就是说预告登记有保全日后本登记顺位的效力。例如，甲将其预购的商品房为乙设定了抵押权，并与乙办理了设定抵押权的请求权的预告登记，之后甲再从预售人手中取得其商品房所有权时，又将该商品房为丙设定了抵押权，并与丙完成了抵押权设定的本登记，当乙根据预告登记而作成本登记时，其本登记的顺位优先于丙。这样，预告登记便通过保全了本登记的顺位很好地保护了乙的债权请求权得以顺利地实现。

其次，破产保护效力，即在相对人陷于破产时，排斥他人而保障请求权发生指定的效果[②]。德国《破产法》第24条规定："为保全破产人的土地权利，或破产人所为登记的权利让与、消灭，或权利内容、顺位变更请求权，在登记簿内记入预告登记时，债权人对破产管理人得请求履行。"也就是说，经预告登记后的债权请求权可以在不动产物权人陷入破产时对抗其他的债权人，从而得以保全债权的最终实现。当预告登记的相对人破产时，其不动产将被纳入破产财产，由破产管理人行使权利，为了保护预告登记权利人的请求权得以实现，法律规定即使权利人的请求权尚未到履行期限或者尚未具备履行条件，也视其已到期或已具备履行条件，权利人可以排斥他人而保障请求权发生预期的法律效果。预告登记的这一法律效果同样适用于相对人死亡的情形，如果该不动产纳入了继承程序，继承人也不得以继承为理由要求消灭预告登记。这一效力的意义在于，不仅保证了预告登记权利人请求权的实现不受债务人破产问题的影响，也使得预告登记权利人远离繁复、冗长的破产程序而顺利将其债权请求权变更为物权。

---

① 张文龙：《民法物权实务研究》，（台南）翰林出版社1997年版，第205页。

② 梁慧星：《中国物权法草案建议稿——条文、说明、理由与参与立法例》，科学社会文献出版社2000年版，第170页。

最后，预警的效力是旨在预先提醒、警告第三人预告登记将来会推进为本登记的效力。对于该效力，虽各国和地区的法律均未明文规定，但其却实际存在并发挥着作用。这是因为预警效力本就隐含于预告登记本身，并通过权利保全效力、顺位保全效力、破产保护效力发挥其具体作用，无须依赖法律条文来明示。一方面，预告登记为社会和第三人提供了法律信息，让他人充分了解该标的物的权属情况，帮助人们作出合理的交易判断，避免进行与预告登记在先的权利进行相冲突的交易行为。另一方面，债权人的债权经过预告登记的公示，在本登记前对于第三人有预告的意思，当预告登记推进为本登记时，第三人不得以善意不知情作为抗辩理由。而这种警告效力正是因为预告登记具有保全权利和保全顺位的效力才自然地发挥出来。因此，通过完善预告登记的保全效力，预警效力也就水到渠成地能更好地发挥其作用。

2. 对违反预告登记的处分采取相对无效原则

从兼顾双方当事人的利益的角度出发，我国预告登记制度应采取相对无效原则，即在不妨害不动产预告登记权利人行使权利的情况下，预告登记后，义务人也可以对该不动产进行处分。因为，首先，预告登记仅是赋予债权请求权一定的物权效力，请求权并未由此直接变成物权，不动产的所有权并未转移，不动产所有权的权利人的处分权只是受到一定的限制，而没有完全丧失。若限制不动产所有权人的所有处分行为，对不动产所有人来说是有失偏颇的，降低了交易效率。

第二，预告登记有时也可能会因其基础法律关系被确认无效、被撤销或者其他原因而失去效力，此时不动产所有人在预告登记期间的处分就有了法律意义。若贯彻绝对无效的原则，在预告登记消灭之前不动产的权利人不能进行任何处分，就会浪费时间，增加交易成本。至少在以下两种情形下可以认定不动产权利人的处分行为有效：一是不动产权利人的处分行为不与预告登记权利人的权利相冲突的情形；二是预告登记无效或被撤销的情形。

第三，采取相对无效原则无损于预告登记防止“一房二卖”作用的发挥。相对无效时，不动产所有人可以将不动产为第三人设定不妨害预告登记权利人权利的其他物权，登记机关予以受理后，第三人可以对抗任何人但不得对抗经过预告登记的请求权人。请求权人可以要求不动产义务人转移所有权的登记，同时向第三人请求撤销他物权的设定登记。因此，采取相对无效原则不仅对双方当事人都比较公平，而且对能够享有该不动产一定权益的第三人的价值也很重要。

3. 明确预告登记在公权力介入时的效力

当公权力介入时，预告登记的效力如何平衡在实践中具有很重要的意义。在德国民法中，预告登记后至本登记前，非义务人所为的行为，如强制执行、假扣押等均同于对登记义务人处分行为的处理，在不与本登记请求权冲突的范围内有效。在日本，假登记具有排除假扣押、假处分等中间行为的效力，但没有排除国家征收的效力。我国台湾地区《土地法》的第79-1条第3款规定："预告登记，对于因征收、法院判决或强制执行而为新登记，无排除之效力。"笔者认为，我国的预告登记不可对抗国家征收的效力是毋庸置疑的。因为国家征收是出于对国家或社会公共利益的需要，预告登记保护的仅是个人利益，个人利益不可凌驾于公共利益之上，因此预告登记不具有排除国家征收的效力。但对于法院判决、强制执行等情形，应区别对待：当此种公权力所保护的基础关系反映的仅仅是私人利益时，其权利并不优于预告登记权利人的利益，为了维护登记的公信力，切实保护预告登记权利人利益，预告登记的效力应优先于强制执行；而当此种公权力背后所保护的确实是公共利益时，预告登记也就不具排斥力。

三、完善预告登记的登记审查与信息公开制度

1. 建立健全登记机关审查机制，确立错误登记赔偿制度

在实践中，登记机关的不当行为大体可分为两类：

一是积极的登记行为，比如登记申请人提供的资料属实，登记机关因自身过错而出现登记记载错误；登记申请人提供虚假资料，登记机关未尽到合理审查义务而导致错误登记，或者登记机关尽到合理审查义务而由于疏忽未能发现，并予以登记；甚者，登记机关故意直接与登记申请人串谋做虚假的登记记载。

二是消极的登记行为，包括登记申请人提交的材料齐全属实，登记机关不履行或拖延履行登记职责等①。登记机关的一系列不当行为极大地损

① 高富平：《物权法专论》，北京大学出版社2007年版，第398页。

害了登记权利人的利益，登记权利人是有苦无处诉，因此需要建立健全登记机关的审查机制，在登记错误时确定责任的承担，并确立错误赔偿制度，以便更好地保护登记权利人的利益。一方面，登记机关不能只享有登记收费的权利，而不对错误登记的后果承担任何责任；另一方面，登记机关对登记内容不负任何责任，不利于加强登记机关认真履行其应有的职责。我国《物权法》第 21 条也规定：因登记错误，给他人造成损害的，登记机构应当承担赔偿责任。当然，如果当事人提供虚假材料申请登记，给他人造成损害的，登记机构赔偿后，可以向造成登记错误的人追偿。因此，我国预告登记制度的相关法律应详细规定登记机关的审查机制，并明确错误登记赔偿制度的具体实践。

2. 实行预告登记的信息网络化管理

为保证权利人和第三人及时快速地知悉不动产变动情况，实行网络信息化的管理模式已成为一种趋势。率先实行登记电子信息化的是美国和英国。2003 年 1 月 6 日施行的英国《土地登记法》对土地登记网络、申请人对土地登记网络的使用、申请人利用登记网络实施土地交易、同时登记等作了非常详尽的规定①。

我国已经在商品房预售合同备案上实行了信息网络化管理，建设部要求各地采用预售合同网上备案系统。这个系统通过网上打印预售合同，将买卖双方协商确定的合同条款填入网上的合同示范文本，点击“打印”预售合同的同时，系统将自动将有关成交信息反馈至登记机构，登记机构通过系统将该成交的房号设定为“已售”状态②。此方式既使得“一房二卖”现象得到有效的控制，又简化了登记备案程序，提高了登记机构的工作效率。我国的预告登记制度也可以借鉴预售合同备案的这一信息化管理方式，对商品房预售的预告登记情况进行网络公开化管理，不仅有利于权利人更快知悉不动产物权变动情况，以便及时作出处理，也可以使第三人查询到该不动产的相关信息，从而预防交易风险，节约经济成本。

---

① 陈芳华：《预告登记制度在我国的实践及其信息化兼评物权法相关规定》，《中国房地产》2007 年第 6 期，第 22 页。

② 陈芳华：《预告登记制度在我国的实践及其信息化兼评物权法相关规定》，《中国房地产》2007 年第 6 期，第 23 页。

四、关于预告登记制度中其他问题的完善

1. 完善预告登记的申请程序

应当对预告登记制度的申请程序加以细化，如申请的日期，对申请合格与否的处理方式等。《中国不动产登记法草案建议稿》中提到预告登记申请的审查："登记机关应当自受理预告登记申请之日起 7 日内完成审查。除了符合办理登记的一般条件外，预告登记所保全的请求权还必须合法有效。符合法定条件的，登记机关应当将有关事项记载于登记簿，并书面通知当事人，不符合法定条件的，适用暂缓登记或者不予登记的一般规定。"① 此建议规定了登记机关的审查期限及登记申请条件，为我国明确预告登记制度的申请程序提供了很好的参考价值。

2. 明确预告登记的登记机构

为了便于管理，切实保护预告登记权利人的利益，规范预告登记的登记机构是十分必要的，应由专门机构统一办理预告登记事项。管理机构过于分散，不仅给有关交易的当事人了解全面的不动产信息造成了不便，而且当出现诸如登记错误等问题时，也不能明确由谁来承担赔偿责任，继而出现互相推诿的现象，无法真正保护权利人的合法权益。如果由专门机构统一负责，有利于责任承担及赔偿问题得到明确、有效的解决。王利明教授认为，不动产登记的负责机构应当由政府部门内设一个专门的登记机构，统管不动产登记的相关事宜。笔者认为，此种做法在实践中是值得借鉴的。

3. 允许预售商品房之再转让

在商品房预售中，预购人交纳了全部购房款后，对未来的商品房已有一定意义上的物权，其有权以未来商品房为客体，订立买卖合同，即对预售商品房进行再转让。然而我国实践中却禁止预售商品房的再转让，如 1994 年的《中华人民共和国城市房地产管理法》第 45 条规定："商品房预售的，商品房预购人将购买的未竣工的预售商品房再转让的问题，由国务院规定。" 2005 年 9 月，国务院办公厅转发的建设部、发改委、财政部、

① 李昊等：《不动产登记程序的制度建构》，北京大学出版社 2005 年版，第 550 页。

国土资源部、人民银行、税务总局、银监会等七部委联合发布的《关于做好稳定住房价格工作的意见》规定："根据《中华人民共和国城市房地产管理法》有关规定，国务院决定，禁止商品房预购人将购买的未竣工的预售商品房再行转让。在预售商品房竣工交付、预购人取得房屋所有权证之前，房地产主管部门不得为其办理转让等手续；房屋所有权申请人与登记备案的预售合同载明的预购人不一致的，房屋权属登记机构不得为其办理房屋权属登记手续。"可见，国务院行使了《中华人民共和国城市房地产管理法》赋予其规定商品房预购人将购买的未竣工预售商品房再行转让问题的权力，予以明确否定。

笔者认为，预售商品房的再转让属于预购人正当利益的体现，符合效率原则，在实践中具有积极的意义。预购人在交纳完所有购房款后，可以独立地将未竣工的商品房出售给第三人，其对该预售商品房的预告登记权利随之转让与第三人，第三人即第二预购人，因而此转让只需通知预售人，并办理对该预售商品房预告登记的变更。这种做法既不影响预售人对预售商品房房款的收益，也扩大了预购人的权利，同时节约了第三人的交易成本。有人担心，允许预售商品房再转让会增加房地产市场的恶意投机性投资行为，导致哄抬房价现象的出现。对于这个问题，笔者认为我国在法律上认可预售商品房再转让的同时，可以对预售商品房再转让时的价格进行合理规制，例如预购人在商品房竣工之前付清所有购房款后短期内（三个月内）对预售商品房进行再转让，其出卖价格只能按照预购人原所付房款加上同期银行存款利息计算。

当然，具体如何规制还是应由立法者们对此进行研究后在相关立法中予以明确，笔者在此只是提出自己的一点不成熟的想法。但是，笔者仍然认为，在我国法律上允许预售商品房再转让的同时对再转让之价格进行规制的做法是可行的，这样既能保证预购人对所购预售商品房的处分权利，也能防止恶意投机性房地产投资行为的大量出现。

第五章　我国商品房按揭法律问题研究

第一节　商品房按揭贷款起源及演变

一、按揭之词源

中国内地商品房住房买卖中，广泛采用按揭贷款的付款方式。商品住房买卖按揭贷款付款方式中的“按揭”一词，源自英文“mortgage”。Mortgage 是由词根 mort 和后缀 gage 组成，mort 源于古拉丁语 mortum，意为“永远，永久，死”；gage 在英文中意为“质押，保存”，两者合为一体，就有了“死担保、永久质”的意思①。我国古代就有“质、押、典、当、按”等担保形式，“按”在广东话中有“押”、“抵押”的意思。从字面意思来看，“按”、“押”都有压住不动的意思，即将一定的物从其他物中分离出来，专门为特定的债权担保，但“按”这一意义主要在客家人中使用②，“gage”与广东话“揭”的发音相近；英语 mortgage 一词，如果用普通话念应当是“摩给济”，但用广东话念就成了“按揭”。所以“按揭”是英文“mortgage”的半意译半音译的粤语词汇。英国的 mortgage 制度，有的内地学者将其翻译为“抵押”或者“抵押权”，但香港人注意到，从严格意义上来说，英美法中的 mortgage 与大陆法中的抵押是有所区别的，

---

① 许明月：《英国法上的按揭（mortgage）》，梁慧星主编：《民商法丛论》（第11卷），法律出版社1999年版，第279页

② 许明月：《英国法上的按揭（mortgage）》，梁慧星主编：《民商法丛论》（第11卷），法律出版社1999年版，第277页

因此，讲 mortgage 译为“按揭”。按揭从香港传入中国内地，融入了中国法律背景，在商品住房买卖中广泛应用，并形成了具有专门内涵的中国习惯法认可的法律术语。

1. 英国法上的按揭（mortgage）

按揭制度最早起源于英国中世纪的土地交易。“按揭最初为以土地为标的物设定的担保，是英国法中不动产担保的典型形式”①。土地按揭是指按揭人为了借款，将自己拥有的合法土地所有权，转让给按揭权人，作为偿还借款的保证；按揭人如约还款，就赎回土地，不能如约还款，则作为借款保证的土地就卖断给按揭权人。

“英国论述 mortgage 的权威著作 *Fisher and Lightwood's Law of Mortgage* 中也认为，‘mortgage 是一种由合同创设的担保形式，它授予可以在履行附息或不附息支付一定款项合同条件（condition）或履行其他条件下解除的财产权利（property interest）。动产和不动产都可以设定 mortgage’”。“法官 Lindley 在 Santley 诉 Wilde 案中说：‘mortgage 是土地或动产（chatter）为了担保给定的债务的履行或其他义务的解除而进行的转移或者让渡。mortgage 的基本意思是：此种担保可以此类债务或义务清偿或履行而解除，即便存在其他相反的约定。在我看来，这就是它的法律’”②。

何为按揭（mortgage）？英国法中的按揭是一种通过债务人将特定财产权利转移于债权人，担保债权人的债权在约定的清偿期得到清偿；在债务得到清偿后，担保权人要将权力交还担保权设定人的权利转移型担保。

英国法中 mortgage 的含义表明，英国的 mortgage 应该同时具备三个要素：第一，特定财产的权利转移；第二，在债务人不履行债务时，债权人可以确定地取回转移给他的特定财产的所有权；第三，债务人享有通过履行债务而赎回担保物的权利，同时债权人负有交换财产的义务③。

2. 香港法上的按揭

香港曾经长时间由英国统治，香港法律继受于英国，香港的按揭制度

① 许明月：《英国法上的按揭（mortgage）》，梁慧星主编：《民商法丛论》（第 11 卷），法律出版社 1999 年版，第 285 页

② 许明月：《英国法上的按揭（mortgage）》，梁慧星主编：《民商法丛论》（第 11 卷），法律出版社 1999 年版，第 280 页。

③ 王闯：《让与担保法律制度研究》，法律出版社 2000 年版，第 101 页。

也源自于英国法的 mortgage 制度，但有所发展。

香港将产业分为法定式产业（法律承认的现存的产业）和公义式产业（未来建成的或现在不存在的产业，即“楼花”，或者我们所称的期房）①。但从 1984 年 11 月 1 日起，香港只有公义式按揭，即大陆的期房按揭。

香港法官李宗锷认为：“按揭是属主、业主或归属主将其物业转让予受益人作为还款保证的法律行为效果，经过这样的转让，按揭受益人成为属主、业主或归属主。还款后，按揭受益人将属主权、业主权或归属权转让予原按揭人。”② 对此定义，有人在分析 1899 年 Santley 诉 Wilde 一案后认为，按揭就是转让物业主权益保证偿还债务。房地产按揭就是房地产按揭人把其对房地产的业主权转让给按揭人③。从定义上看，香港法律中的按揭与传统英美法按揭没有实质性差别。香港的按揭完全沿袭了英国的 mortgage 制度，权利转移也是香港按揭的基本规定。但是，两者也存在一定的区别，香港不是从有无赎回权来区分是普通法按揭还是衡平法按揭；香港按揭的标的物只包括房屋不包括土地；香港按揭的标的物仅指楼花（期房），不包括现房。

3. 按揭在中国内地的发展

（1）中国内地按揭的引进

20 世纪 50 年代兴起于香港地区的“楼花按揭”，直到 90 年代初才传入我国。作为房地产业与金融业的交融产物，随着其在业务中的不断摸索，按揭已蓬勃发展起来，目前已经成为当今世界各市场经济国家和地区流行的商品房买卖方式。

随着我国住房改革货币化、市场化、商品化的推行和房地产业的发展，加上港资房地产企业进入内地，通行于香港地区的英国“mortgage”担保方式亦引入我国个人购买商品住房的贷款担保中。“1985 年，中国建设银行深圳市分行发放了首笔个人住房按揭贷款，揭开了深圳市乃至全国个人住房按揭贷款的序幕”④。很快，个人采用贷款按揭付款方式购买商品

① 何美欢：《香港担保法》，北京大学出版社 1995 年版，第 82 页。

② 李宗锷：《香港房地产法》，商务印书馆 1997 年版，第 14 页。

③ 李曙峰：《担保与抵押》，三联书店香港有限公司 1994 年版，第 19 页。

④ 周建平：《住房按揭在深圳》，《深圳商报》1998 年 11 月 9 日，第 1 版。

房，在广州、北京等中国内地各大城市相继展开并广为流行。“按揭”贷款是内地老百姓购买商品住房中采用的最多的付款方式。随着各大银行按揭业务量的扩大，“按揭”一词越来越频繁地被使用和出现。按揭作为大量存在于商品住房买卖中的客观事实，学者们对于按揭的研究也广泛的展开，对按揭的定义、适用范围、法律性质、法律原理等问题作了很多探讨，众说纷纭。

按揭业务主要在银行开展，因此必须有银行的介入，而我国的一些行政法规、各地方法规、部门规章等也都是借鉴银行的规定对房地产开发在不同阶段的担保行为，将按揭一词置换为抵押、质押，用抵押的规定取代银行关于按揭的规定。对于个人住房贷款，一些省、市制定的地方性法规和行业规章中相继做出了商品住房按揭的规定，在有的规定中，如三亚、海口、广州、深圳、上海、天津、武汉等城市的地方性法规，既没有采用个人担保贷款，也没有采用个人住房贷款，而是开始直接使用“按揭”一词，如《关于向三亚市商品房住宅提供贷款按揭的暂行办法》、《关于在深圳市统一实施房屋按揭保险的通知》；有的地方性法规，从用语上看是关于商品房抵押的规定，如《福建省抵押贷款条例》、《武汉市房地产抵押管理办法》、《广州市房地产抵押管理办法》等，但从内容上看，已经具有按揭的实质，而不是抵押①。

按揭作为在购买商品房中产生的一种新型的资金融通方式，尽管在老百姓口中、媒体报道中、学术会议中、经济活动中经常会提到，但在实际中盛行的“按揭”一词，并非全国性立法文件上的术语，故在全国性的基本法律中，尚未使用“按揭”一词，仅在全国性行政法规中，即2006年5月国务院在《关于调整住房供应结构稳定住房价格的意见》中首次也仅只一次使用了“按揭”一词。

由于对按揭制度没有专门统一的法律规定，对实践中运行的商品住房按揭担保有“楼花按揭”、“银行按揭”、“按揭抵押贷款”、“预售商品房抵押”等等，称谓是众说纷纭。从某种程度而言，“按揭”一词已经融入了中国法律背景，形成了具有专门的中国法律内涵，并被中国习惯法认可的具有中国特色的法律术语，因此，立法机关应当顺应我国住房改革的发

① 唐烈英：《商品住房买卖贷款按揭法律问题研究》，法律出版社2008年版，第63页。

展以及我国房地产市场中的现实情况，尽快制定与商品住房贷款按揭相关的法律法规，尽快建立和完善我国商品住房按揭法律法规体系，将商品住房贷款按揭纳入法制轨道，使其健康有序的发展。

（2）按揭的概念

直接给“按揭”作定义的文字并不多见。2003 年，最高人民法院副院长黄松有在答记者问时谈道：“商品房担保贷款，也就是人们通常所说的商品房按揭。”理由有三个：第一，商品住房买受人是既缺房，又缺少一定数量购房款，又需要向银行贷款的人；第二，银行将巨额贷款发放给买受人，要承担巨大的风险，银行就要求借款人以商品住房提供物的担保，并要求商品住房的开发商承担买受人不归还贷款的连带责任保证；第三，商品住房开发商无偿对借款人归还贷款承担连带责任保证。

按揭的基本过程主要有：首先，开发商与贷款银行有合作项目和协议书[①]；其次，商品住房买受人要把与开发商签订的商品房买卖合同文本以及不低于一定比例的首期购房付款凭据，交给银行收执，向银行申请贷款；最后，开发商、银行、商品住房买受人三方为担保贷款的归还签订贷款按揭合同。

由此我们可以看出，在商品房贷款按揭中，必须有三方当事人：开发商、银行和商品房买受人。而这三方当事人在按揭法律关系中，都能赢得各自所需的利益。

从我国按揭的实践操作可以看出，商品住房按揭贷款，是指由房地产开发商、贷款银行、商品住房买受人为主体的融资购销楼房行为，买受人与开发商签订商品住房买卖合同，支付不低于一定比例的首付款之后，由买受人将所购商品住房设定物的担保，向银行申请购房余款的贷款，银行收存买受人所购房屋的权利证书和文本，并将购房余款一次性划给房地产开发商，房地产开发商向银行承担买受人按期还款付息的连带责任保证或者回购用于担保的商品住房，并以回购款优先偿还银行贷款本息的责任[②]。

由此可见我国内地按揭已对英美法系的按揭作了重大改造，成为一种不同于英美法和香港法上按揭的债权担保形式。其主要特点是，内地的按

① 中国农业银行：《个人住房一手楼贷款操作流程》。
② 唐烈英：《商品住房买卖贷款按揭法律问题研究》，法律出版社 2008 年版，第 68 页。

揭不发生担保物所有权的转移，按揭期间债权人只是保管、执管担保物的权利证书（如生效的预购房屋合同、首期付款发票或收据、保险单正本；现房的所有权凭证、担保登记证明文件、房屋他项权利证、约定按揭银行为第一受益人的保险单正本等等），并在设定按揭担保时必须到房地产权属登记机关进行登记。

二、英美法按揭、香港法按揭、中国内地按揭的比较

商品住房按揭始于英美法系，中国香港的按揭是在继受英美法的基础上发展起来的，香港现行的按揭与英美按揭相比已有较大的变化。同样，从香港传入内地的按揭也进行了改造，使按揭内容注入新的内涵。通过分析可以发现，内地的按揭与英美法按揭、香港按揭不尽相同，存在以下区别：

一是按揭主体不同。英美法和中国香港的按揭都只有两方主体——按揭权人（银行）和按揭人（购房人）。中国内地的按揭至少涉及三方主体——按揭人（购房人）、按揭权人（银行）、按揭担保人（房地产开发商）。

二是按揭的标的物不同。英美法的按揭标的物包括房屋和土地，而香港和内地的按揭仅包括房屋，排除了土地。

三是按揭类型不同。英美法和中国内地的按揭类型有：楼花按揭和现房按揭。中国香港的按揭在 1984 年以前也有法定式按揭（现房按揭）和公义式按揭（楼花按揭）两种类型，但自《物业转移及财产条例》生效后，香港不再有法定式按揭，而只存在公义式按揭。

四是按揭生效的条件不同。英美普通法按揭通常伴有按揭财产所有权的转移，衡平法按揭存在的权利转移，不是普通法中的权利，而是衡平法权益的转移，与大陆法系的抵押相似①；香港法的按揭沿袭了英国普通法的传统做法：按揭人将其物业转让给按揭受益人作为还款的担保，其重要特征是在按揭人履行清偿完债务前，按揭受益人对物业拥有所有权。

然而在中国内地，按揭的设立并不转移按揭财产的所有权，只需要将按揭人的有关房屋的权利证书（如生效的预购房屋合同、首期付款发票或

① 陈耀东：《商品房买卖法律问题专论》，法律出版社 2003 年版，第 177 页。

收据、保险单正本；现房的所有权凭证、担保登记证明文件、房屋他项权利证、约定按揭银行为第一受益人的保险单正本等等）交按揭权人保管或执管即可，按揭人有关房屋权利证书占有的转移并不是房屋所有权或房屋权益的转移，按揭房屋的所有权仍属于按揭人。

五是按揭权利实现的方式不同。自1925年起，英美法就已经废除了按揭权人的赎回请求权，对按揭权的实现采取变价主义和清算主义。在债务人不履行债务时，债权人要么通过请求拍卖按揭财产，要么运用其他方式对按揭财产进行变价，只有在按揭财产不能拍卖或予以变价的情况下，按揭财产才能转归按揭权人。

香港实现按揭权利的做法是：（1）如果按揭人没有按期还贷，按揭权人可以直接从按揭标的物上获取利益；如果发生诉讼，按揭权人可以根据按揭合同，直接以产业所有者的名义参加诉讼。（2）通过取消按揭人的回赎权来实现。当按揭人不按期或不能还贷，并在宽限期内仍然没有履行清偿义务的，按揭权人可以请求法院撤销按揭人的回赎权，从而获得按揭标的物的绝对的所有权①。

中国内地的按揭，由于商品住房所有权并不转移给按揭权人，按揭权人实现按揭权有两种方法：一是由保证人房地产开发商向银行承担连带责任保证。承担连带责任保证的方式有两种，在期房交付前，银行在通知开发商后的一定期限内，直接从其保证金账户上将买受人尚未付清的欠款本息划归银行，由开发商向借款买受人追偿；在商品住房交付后，开发商根据合同中约定回购条款，按购房总价款的一定比例（一般是70%）回购借款人所购商品住房，并以回购款优先偿还银行贷款本息②。二是银行通过折价或者拍卖、变卖买受人的商品住房的方式，以所得价款优先受偿。

通过比较发现，中国内地的按揭和英美法按揭以及香港按揭是不同的，不是境外制度的“克隆”和“拷贝”，在实践操作中，不能照搬也不能直接继受，而应该结合我国按揭的具体情况作出相应的合理的设计和安排。

---

① 蔡耀忠：《中国房地产法研究》（第1卷），法律出版社2002年版，第309页。

② 唐烈英：《商品住房买卖贷款按揭法律问题研究》，法律出版社2008年版，第86页。

第二节 我国商品房按揭的法律关系和法律性质

一、按揭的法律关系

商品房按揭的法律关系比较复杂，很多学者提出了自己的观点。有人认为，按揭是一种担保方式，在商品住房贷款按揭法律关系中，按揭是一种贷款担保方式，实际操作中的按揭合同实际上是商品住房买卖合同、贷款按揭合同、委托合同、委托代理合同以及保证合同的混合体①；也有学者认为，按揭主体涉及开发商、置业者和银行三方及多种法律关系，在开发商和置业者之间是买卖关系，在置业者和银行之间是借贷关系和担保关系②。但笔者认为，完整的按揭法律制度在我国是由如下法律关系构成的：

一是房地产开发商与银行之间的合作法律关系（开发商和银行有合作项目和协议书）。

二是购房人因购房和房地产开发商产生的商品住房买卖关系。

三是买受人因支付购房款向银行申请贷款而产生的借贷法律关系。

四是因借贷关系而产生的借款债务人将所购商品住房作为偿还银行贷款本息的担保所产生的担保关系。

五是房地产开发商为确保按揭人清偿贷款，与银行产生的保证关系。当按揭人不能按照约定向银行偿付本息时，由开发商按照房价的一定比例回购商品房所产生的回购保证关系或者其他关系。此时按揭权人既是借款关系中的贷款人，又是保证关系中的被保证人，开发商既是按揭人的保证人，又是商品房回购关系中的回购买受人。

六是按揭人按照按揭权人银行指定的险种向保险公司办理保险所产生的保险关系。

七是为避免资金划拨的麻烦，经买受人的授权，银行以借款买受人的

① 王闯：《让与担保法律制度研究》，法律出版社 2000 年版，第 127 页。

② 刘晋：《楼花按揭的理论研究与法律调整》，马原主编：《房地产案件新问题与判解研究》，人民法院出版社 1998 年版，第 4～5 页。

名义将贷款划入开发商的账户而形成的委托关系。

陈耀东先生认为，在这错综复杂的法律关系中，开发商与银行的合作关系、商品住房买卖和借贷关系都是按揭关系产生的基础性法律关系；按揭担保关系是按揭的核心关系；委托关系是按揭的辅助性法律关系，并不是不可缺少的关系；保险关系是按揭的从属法律关系，在贷款按揭中不一定必须必然发生保险关系①。理清了法律关系，有助于进一步分析按揭在我国的法律性质。

二、商品住房按揭法律性质争议

按揭自引入中国内地后存在理论上和立法上的分歧，导致了法律的混乱。关于按揭，人们的关注点主要集中在按揭的法律性质上，对按揭的不同定性也会影响到立法的不同选择。由于按揭本身是英美法的制度，形式灵活，而我国内地又奉行物权法定主义，但在现行立法中确实又找不到与“按揭”相对应的恰当的物权形式，这使得学者对按揭的法律属性争议很大。将按揭纳入法律之中，应当处于什么位置？这是要求法律创设按揭担保制度时不得不面对的问题。学者们大致有以下主张：

观点一：按揭是不动产抵押，其理由在于按揭的设定目的和法律效力都与抵押基本相同，而且现行法规也是比照抵押的规定对按揭进行法律规制的。

观点二：认为按揭实际上是让与担保，原因在于按揭一般要求权利的转移和让渡，但又不转移物的占有，符合让与担保的特征。

观点三：主张按揭属于权利质押，其原因在于在楼花按揭中购房人对担保标的不享有物权而仅仅享有债权请求权和期待权，其设定和法律效力更符合权利质押的特征。

为了更好地在立法上对按揭进行规制，因此有必要对按揭的几种理论进行分析比较。

1. 商品住房按揭与让与担保

(1) 让与担保的基本含义

什么是让与担保，学者们有不同的见解。

---

① 陈耀东：《商品房买卖法律问题专论》，法律出版社 2003 年版，第 179 ~ 180 页。

日本学者高木多喜男认为，让与担保是指债务人或者第三人为担保债务的履行，将所担保的标的物的权利预先转移给债权人，由双方约定于债务清偿后将担保标的物的所有权返还给债务人或者第三人，债务人不履行的，债权人就该标的物受偿的一种担保方式①。

我国《物权法》中未规定让与担保，但将其定义为："让与担保是指为了担保债权的实现，将债务人或者第三人的财产转让给债权人，债务履行后，债权人应当将该财产返还债务人或者第三人；未履行债务的，债权人有权就该财产优先受偿。"

让与担保的构成要件有三个：财产权的转移；财产权是为担保目的而转移；存在债权债务关系，即授信者（债权人、让与担保人）就融资资本享有返还请求权②。

不管是日本还是我国学者对让与担保的定义，都有一个共同点，就是让与担保一定要转移担保物的所有权。这是让与担保和其他担保物权最重要的区别。

（2）我国内地按揭与让与担保的区别

由于英美法系和香港的按揭权利都要转移，而权利转移的担保在大陆法系中对应为让与担保，因此有学者认为："按揭作为英美法系中物的担保的一项基本制度，其本质上与大陆法系中的让与担保相同，事先转移财产的所有权是英美法系按揭的最基本的特征，也是与抵押、质押的最大区别，商品房按揭要转移权利，其性质为让与担保。"③ 也有人持有同样的观点："商品房按揭这种以购房人将其对楼花或现楼的财产权或所有权转让与银行的贷款担保方式，完全符合让与担保的特征，所以，本书认为其实质上是一种让与担保。"④ 通说之，所以把按揭定性为让与担保的关键，在于认为其进行了标的物权利的转移，然而我国内地的按揭是否真的将商品房的所有权转移给银行了呢？在下面的比较中会做出分析。

必须承认，让与担保作为物的担保方式，在某些方面与商品住房买卖贷款按揭确实存在相同之处，但是，按揭和让与担保分别源自于两个不同

① ［日］高木多喜男：《担保物权法》，有斐阁 1996 年版，第 321 页。

② 王闯：《让与担保法律制度研究》，法律出版社 2000 年版，第 20 页。

③ 梁慧星：《中国物权法草案建议稿》，社会科学文献出版社 2001 年版，第 766 页。

④ 王闯：《让与担保法律制度研究》，法律出版社 2000 年版，第 132 页。

法系，在其发展沿革上存在不同，在具体的法律构造上也有明显的区别。具体区别如下：

一是两者的所有权让渡的不同，这是两者最根本的区别。让与担保的设立，不论是动产、不动产还是其他财产权作为客体，都需要通过转移所有权对债权进行担保。权利转移是让与担保最基本的特征，这点已经不存在疑问。商品房按揭的设定，不需要转移标的物的所有权。无论是期房还是现房，尽管其权利证书都要交付给贷款银行保管，但是按揭商品住房的所有权或者权益，在按揭期间并不发生转移给银行的法律后果，“这种权利证书的转移并不意味着所有权的转移，它只是一种证书，是在权利人取得房屋所有权后到房地产管理部门登记后取得的证明自己对房屋享有所有权的凭据，一般来说只有证明作用。银行要求将权利证书交给银行保管，只是为了防止一房多卖的发生，防止按揭人违反约定处分设立按揭的房屋，从而保障担保债权的实现”[①]。只是当债务人不能偿还债务时，银行就商品房开发商回购房屋的款项优先受偿而已。

二是两者的主体不同。在商品住房按揭中存在三方主体，购房人、房地产开发商和银行，商品住房按揭的主体离开了开发商，按揭关系不能成立。并且商品住房按揭权人只能是银行，不能是银行以外的其他人，按揭人只能是购买商品住房的需要贷款的买受人；而在让与担保中，只有两方主体。让与担保权人可以是银行，也可以是银行以外的其他人，让与担保人可以是债务人、第三人。

三是两者的客体不同。让与担保的客体可以是各种动产、不动产和其他财产权利；而商品住房按揭的客体只能是不动产，而且只能是从银行贷款买的商品住房。由此可以看出，商品住房按揭的客体比让与担保的客体要窄得多。

四是两者的法律关系不同。由于按揭所涉及的主体比让与担保要多，因此所产生的法律关系也更为复杂，比如买卖关系、借贷关系、担保关系、保证关系、委托关系、保险关系等；而让与担保所涉及的法律关系就简单了很多，通常只有两种，一是债权人与债务人之间的债权债务关系（借贷关系），二是让与担保设定人及担保权人之间的担保关系。

---

① 黄志明、张琦：《论按揭的法律定位》，《法学家》2001 年第 3 期，第 75 页。

五是两者权利实现的方式不同。在按揭中，当按揭人到期不能清偿贷款本息时，按揭银行一方面可以要求开发商承担连带保证责任以及商品住房回购责任，另一方面可以通过拍卖、变卖的方式来实现自己的按揭权；在让与担保中，让与担保权人无权要求设定人回购担保物，其只能取得标的物所有权或以标的物之变价优先受偿。

六是两者公示方面的不同。按揭设立后必须在规定时间内向特定机关进行登记或者预登记；而让与担保并不以公示为必要。

（3）让与担保有着自身无法克服的缺陷

首先，当事人之间利益的不平衡。让与担保标的物所有权转移给银行，让与担保人当不能偿还贷款时，银行可以直接将住房归自己使用，避免要向法院起诉或者申请强制拍卖的程序，节省了时间又节省了费用，对于银行来说真是益处多多。但是“让与担保在消除担保债权人风险的同时，却为债务人和第三人带来了巨大的风险。其中，因为让与担保契约中常常订有流担保条款，债权人在债务人不履行债务的场合可以取得标的物所有权，因此使债务人面临丧失所有权的风险；而且让与担保制度缺少合适的公示方法，故而对第三人则存在遭受不测之害的危险。这种让与担保自身的危险性，也正是德日判例和学说为之展开百年争论的主要原因”①。

其次，手续繁多，影响效率。当买受人向银行贷款时，要将作为不动产的商品房所有权转移给银行，需要向登记机关登记、交付必要税款和费用、进行公告、发证，当贷款全部归还，又要进行登记、交付必要税款和费用、公告、发证，商品房所有权才归还给买受人。这样会大大降低贷款效率，登记的费用会大大增加按揭人的负担。

而相比之下按揭自身具有以下的优点：

首先，能够平衡当事人之间的权益。因为没有转移所有权，所以银行不享有对标的物的所有权，就不能随便对其加以处分，从而可以避免很多矛盾纠纷。同时房地产开发商在贷款人全部偿还贷款后才能为其办理产权证，或者办理后将产权证放置在银行处保管，这样就在三者之间形成了制约关系，一方面可以督促买受人及时还款，另一方面可以防止银行和开发

---

① 王闯：《让与担保法律制度研究》，法律出版社2000年版，第12～14页。

商随意处置房屋，侵害买受人的利益①。“按揭不转移商品房所有权给银行，能够有效地矫正债权人垄断担保物全部价值的不合理性，有效消除发生债权人暴利行为的可能性”②。

其次，按揭的担保方式更有灵活性，不转移商品住房的所有权，只是把有关权利凭证交由银行保管，无须进行所有权转移的登记，只要进行按揭担保的登记，手续费也不高。与让与担保相比，不仅可以提高工作效率，减少中间不必要的环节，还可以降低贷款成本。

由此可见，让与担保与我国内地的按揭存在本质的差别，用让与担保制度来规范商品房按揭只会将事情搞得更复杂，有害无益。因此不可将其定性为让与担保。

2. 商品住房按揭与贷款抵押

(1) 商品住房贷款抵押概述

所谓抵押，是指债务人或者第三人，提供不转移占有的特定的财产，将该财产作为债权的担保，债务人不履行债务时，债权人有权依法将该财产折价或者以拍卖、变卖该财产的价款优先受偿③。在我国相关立法中，如《担保法》、《城市房地产管理法》、《城市房地产抵押管理办法》及开展商品住房贷款抵押业务的各大银行制定的相关规范中，有“抵押”、“房地产抵押”、“房地产抵押贷款”、“贷款抵押”等概念，却没有“商品住房贷款抵押”概念。

“商品住房贷款抵押”作为“抵押”的下位概念，当然要符合《担保法》的规定。但是“商品住房贷款抵押”并不等同于《担保法》规定的“抵押”，如果完全相同，就只需研究“抵押”了。

两者的明显区别④在于：

第一，“抵押”担保的债权要比“商品住房抵押贷款”涉及的债权债务关系广泛得多，不仅仅限于贷款；

第二，“抵押”的标的物包括动产、不动产、不动产用益物权和动产

① 王利明：《物权法立法的若干问题探讨》，首届两岸民商法研讨会发言稿。
② 王闯：《让与担保法律制度研究》，法律出版社2000年版，第14页。
③ 唐烈英：《中国物权法理论研究》，四川人民出版社2002年版，第240页。
④ 唐烈英：《商品住房买卖贷款按揭法律问题研究》，法律出版社2008年版，第134页。

不动产的综合财产①，而“商品住房抵押贷款”的标的物只是住房②；

第三，“抵押”所贷款项的用途比较广泛，“商品住房贷款抵押”所贷款项只能用于购买住房；

第四，“抵押”贷款，只要抵押物特定、权利能够及时物化，办理相关登记手续即可，“商品住房贷款抵押”除了需要买受人与开发商签订有效的商品住房买卖合同，用于抵押的商品住房特定化以外，还需要支付不低于一定比例的首期购房款③。

我国属于成文法国家，而按揭制度源于英美法系，在我国现行立法中难以找到与之相对应的物权形式，在我国基本法律中，如《物权法》、《担保法》规定的物权担保方式没有按揭。因此，在对商品房按揭法律性质探讨时，学者们各执己见，有人认为无论是从设定目的还是法律效力来说，按揭与抵押是基本相同的，并未超出抵押的范畴，它是一种不动产抵押方式，虽然还未被正式规范，但最终的归宿依然是抵押，是房地产抵押的过渡形式④。当然也有不同的声音，比如王宠惠先生在其1907年翻译出版的《德国民法典》英文版中，将德国民法典中的抵押权译为 hypotheca，而并未译 mortgage，可见其早已认识到德国法上的抵押（hypotheca）与英美法中的按揭（mortgage）是存在区别的。因此我们很有必要探究清楚商品房按揭与贷款抵押的相同点和不同点，以此弄清是不是“按揭就是抵押”。

（2）商品住房按揭与贷款抵押的比较

商品住房贷款抵押与贷款按揭都是物权担保方式，两者的相同点：

第一，设定的目的相同。都是为了取得贷款或贷款收益、担保主债权的履行而设立的。抵押与按揭都是一种融资手段，抵押人是以特定的房地产、按揭人是以有权处分的商品住房作为一种担保，获取资金。抵押权人和按揭权人通过抵押或按揭的手段来最大限度地减少债权的风险，保障设立债权的基本目的，保障债务履行得以实现。

第二，按揭人和抵押人都是通过履行约定义务，即在按期归还贷款的

---

① 《担保法》第34条。

② 《城市房地产抵押管理法》第3条第1款。

③ 《个人住房贷款管理办法》第5条第4项。

④ 程力：《楼宇按揭对我国抵押权制度理论发展的影响》，马原主编：《房地产案件新问题和判解》，人民法院出版社1998年版，第15～16页。

本金、利息以及支付其他约定的合理费用等义务后，才能要求按揭权人或者抵押权人返还作为担保物的房屋的一定权益，才能彻底解除原约定的担保，回复对担保标的的圆满权利状态。

第三，都不需要转移标的物的权利。贷款抵押与商品房按揭，以商品住房作为担保标的物，在设立时都不转移标的物的占有，更不转移标的物的所有权。

第四，形式上都必须采用书面形式。不管是按揭还是抵押，双方都要就担保内容签订书面的合同，还要经法定机关登记才产生法律效力。

商品住房贷款抵押与贷款按揭的区别：

虽然两者不像商品房按揭与让与担保那样存在本质上明显的差异，为我们用不动产抵押来规范商品房按揭提供了很大的可能，但是两者的区别也是很明显的。正如梁慧星教授所说："有的人把'按揭'解释为'抵押'，但实际上，按揭与抵押是有很大差别的。"①

商品住房贷款抵押与按揭的明显区别主要体现在：

第一，两者的来源不同。按揭源自于英国的"mortgage"，在运用于中国香港后再传入中国内地，其法理依据是英美衡平法概念和原则；而抵押是大陆法系的概念，其法理依据自然也是大陆法系的物权法理论。由于两者法律制度和法律体系的来源不同，所以在观念上、内容上都存在很大的差别。

第二，两者涉及的主体和法律关系不同。在商品房按揭中涉及三个主体，按揭人（商品房买受人）、按揭权人（银行）、保证人（房地产开发商），并且主体都是确定固定的。由于牵涉的主体多，因此导致的法律关系也多，如前一小节所论述的，最多可能涉及七种法律关系，其中商品房买卖关系是按揭的基础性法律关系，按揭贷款关系是按揭的核心关系，担保关系、保证关系是按揭的从法律关系；然而贷款抵押只有两个主体，抵押人和抵押权人，抵押人是抵押物的所有人和第三人，抵押权人是接受抵押房地产作为债权受偿担保的公民、法人或者其他组织，并不限于金融机构。其所涉及的法律关系也只有主债权和抵押两个法律关系，比商品房按揭要简单得多。

---

① 梁慧星：《"按揭"与"让与担保"》，《工人日报》2003年7月12日。

第三，两者标的物范围不同。传统民法理论认为，抵押权的标的物必须具有特定性，即抵押人提供的抵押物，必须是确实存在的某项特定的不动产或者不动产综合性财产，没有确实存在的财产，无法特定化，无法对其价值作出正确的估计，作为抵押物就会损害抵押权人的利益①。《物权法》第180条规定，抵押权的标的物有："债务人或者第三人有权处分的建筑物和其他土地附着物；建设用地使用权；以招标、拍卖、公开协商等方式取得的荒地等土地承包经营权；生产设备、原材料、半成品、产品；正在建造的建筑物、船舶、航空器；交通运输工具；法律、行政法规未禁止抵押的其他财产。"这些都是具有一定交换价值的财产或者能够及时物化的权利。商品房贷款抵押的标的物是债务人自己或者第三人享有产权的住房或商品住房，商品住房又包括现房和期房。期房买受人对没有建成交付的期房，只能取得商品住房的期待权，而期待权既不是买受人自己"享有所有权或者经营管理权的财产"，也不符合"抵押物必须直接地指向现存的、具有一定交换价值的财产，或者能够即时物化的权利"②。因此排除了以期待权作为抵押权标的的可能，依照《担保法》和《物权法》规定，不能作为抵押权的标的。作为商品住房贷款抵押的标的只能是现有的、实在的现房，而不能是正在修建还未交付的期房。

商品住房按揭的标的则既可以是确实存在的现房，也可以是正在修建的、尚未交付的期房，所以商品住房按揭可以发生在商品住房建成后，也可以在商品住房尚未建成的预售阶段，它的范围比贷款抵押要大。

第四，两者贷款用途的不同。商品住房按揭的按揭人向银行所借的款必须专款专用，只能购买商品房，不得有其他用途，否则将要承担法律责任；而不动产抵押中的借款人所借的款项，在借款人和贷款银行协商一致的前提下，既可以将借款用作购房，也可以投资其他项目③。

第五，两者前置条件的不同。商品房贷款按揭合同签订前，至少应该还有三个其他合同要完成：开发商和贷款银行有合作项目和协议书，开发商和商品住房买受人签订的有效的商品房买卖合同，以及商品住房买受人

---

① 唐烈英：《商品住房买卖贷款按揭法律问题研究》，法律出版社2008年版，第142页。

② 李国光，奚晓明：《〈最高人民法院关于适用中华人民共和国担保法若干问题的解释〉理解与适用》，青海人民出版社2002年版，第156页。

③ 陈耀东：《商品房买卖法律问题专论》，法律出版社2003年版，第185页。

和保险公司签订的保险合同。贷款抵押则不需要这些前置程序，不需要签订这些合同，只需要抵押物进行抵押登记即可。

第六，两者运作方式的不同。实践中，商品房按揭不转移用于按揭担保的房屋的占有，更不转移其所有权，只是将用于担保的商品住房有关的合同、预付款收据或权利证书交由银行保管，按揭人和按揭权人到房地产管理部门，将预售房屋的买卖合同或者按揭贷款合同向房地产登记部门备案或者预告登记，由登记部门在按揭合同上作记载，按揭担保即可设立。

商品房贷款抵押的成立无须抵押人与抵押权人以外的第三人签订任何债权性质的合同，也无须转移权利人的权利证书或房屋产权凭证给银行，只需双方在抵押合同成立后，依照法律的规定进行登记，房屋抵押权自登记之日起设定，并产生抵押物权担保的效力。

第七，两者的实现方式不同。根据《担保法》第53条规定："债务履行期届满抵押权人未受清偿的，可以与抵押人协议以抵押物折价或者以拍卖、变卖该抵押物所得的价款受偿；协议不成的，抵押权人可以向人民法院提起诉讼。"根据该条的规定，在商品住房贷款抵押中，当抵押人不按期履行还款义务时，抵押权人要实现权利，只能以抵押的房屋折价、拍卖或变卖，以处理抵押房屋的价款优先受偿，而且抵押权人要与抵押人相协商，抵押物的处分并不是随心所欲的。

而当按揭人不按期履行还款义务时，按揭权人为了实现其权利，主要有以下几种途径：要求房地产开发商承担连带保证责任，银行可以根据与开发商签订的回购条款，要求开发商回购按揭的商品住房，银行对回购款享有优先受偿的权利；银行根据约定，从开发商的保证金账户划款实现按揭贷款债权；还有一种与抵押权的实现方式相同，即以担保的房屋折价或者以拍卖、变卖的价款优先受偿。当按揭人不履行还款义务时，银行贷款实现债权的途径较多，可以有开发商的财产承担清偿责任，比抵押权的实现更有保障。

第八，两者的标的物风险责任承担不同。抵押权和按揭权的设定都不转移标的物的占有使用。按揭担保的房屋有期房和现房之分，现房按揭和抵押一样，担保物的风险由担保物的占有人承担，而"楼花按揭的标的物风险既不由按揭人承担也不由按揭权人承担，而是由按揭双方之外的第三人房地产开发商承担"①。

我国的按揭业务，不管是实务领域还是司法实践中，基本上都是参照抵押制度进行操作。在抵押和按揭的诸多区别中，有的已经消除，有的可以通过改变抵押的具体规定，使按揭符合抵押的要求。抵押和按揭这两种担保制度，随着两大法系国家和经济的相互渗透已经在相互妥协和靠拢，笔者认为这符合未来的发展方向。

3. 商品住房按揭与权利质押

质押，是指债权人与债务人或债务人提供的第三人，以协商订立书面合同的方式，债务人或者第三人将其动产或权利转移给债权人所占有，在债务人不履行债务时，债权人有依法就其占有的动产或权利优先受偿的权利。按照质物的不同种类，质押的标的物可分为动产和权利，因此质押分为动产质押和权利质押。

权利质押是指为了担保债权的清偿，就债务人或第三人所享有的可转让的权利作为质权标的，在债务人不履行债务时，质权人就设置的权利实行质权，用于优先受偿的权利②。

有人认为权利质押与期房按揭有许多相似之处，或者说期房按揭的性质就是权利质押，理由是：因为权利质押是除人身权和所有权以外的可以让与的财产权利为质押标的的一种担保方式；期房按揭是以商品房所有权的期待权为担保标的，也是一种可以让与的财产权利③。

权利质押和期房按揭都属于财产权范畴，但是将期房按揭定性为权利质押存在以下障碍：

首先，是主体和法律关系的不同，这里不再赘述，权利质押的主体和由此产生的法律关系比期房按揭要简单。

其次，期房按揭设立的权利不同于权利质押。

权利质押是以权利的交换价值担保债权的，设置权利质押的目的就在于利用质权权利的交换价值优先受偿，这就要求用于出质的权利应当是既

① 窦玉梅：《探索于民法中最活跃的领域》，《人民法院报》2000 年 12 月 15 日。

② 唐烈英：《中国物权法理论研究》，四川人民出版社 2002 年版，第 276 页。

③ 唐烈英：《商品住房买卖贷款按揭法律问题研究》，法律出版社 2008 年版，第 124 页。

有经济价值又能依法转让的权利[①]。

期房按揭与权利质押则不一样，按揭人交付给银行的预购商品住房合同以及首期付款，都不是权利凭证，只是证明按揭人买了期房，交付了购房首期预付款，只是一种证据。当期房按揭人未按期偿还贷款时，银行不能凭借这些证书直接实现自己的权利。付款收据仅仅是权利凭证而不是权利本身，用于期房按揭的权利不是可以兑现的现实权利。

再次，期房按揭中按揭权利的实现方式不同于权利质押。

《担保法》第71条规定："债务履行期限届满债务人履行债务的或者出质人提前清偿所担保的债权的，质权人应当返还财物。债务履行期限届满质权人未受清偿的，可以与出质人协议以质物折价，也可以依法拍卖、变卖质物。"根据该条，权利质押的实现方式，就是处分用于质权的权利，所得收益用于优先受偿。权利质押实现的方式除优先受偿外，还可以采取另外两种方式：（1）可以取代出质人的地位，向质权权利的义务主体直接行使出质权利。（2）直接收取出质权利产生的孳息，用于实现自己的债权[②]。

而在期房按揭中，按揭人若不履行义务，到期没有还清本息时，按揭权人实现按揭权有两种方式，一种是折价或以拍卖、变卖标的物所得价款优先受偿，一种是根据合同中约定的回购条款，由保证人即房地产开发商向银行回购标的物，并以回购款优先偿还银行贷款本息，若有第三人愿以高出此房价比例受让，则应由第三人购买[③]。可见期房按揭的按揭权的实现不同于权利质押。

第四，商品房买受人对期房所享有的所有权期待权应该为物权期待权。

在我国，有人认为期待权是"指取得特定权利部分要件的主体所享有的，得因法律规定或当事人约定的其他要件的实现而取得特定权利的受法律保护的地位"[④]。还有的学者，比如台湾地区王泽鉴教授认为这种期待权

① 唐烈英：《商品住房买卖贷款按揭法律问题研究》，法律出版社2008年版，第127页。

② 唐烈英：《商品住房买卖贷款按揭法律问题研究》，法律出版社2008年版，第128页。

③ 雷兰：《商品房预售法律问题研究》，知识产权出版社2007年版，第158页。

④ 王轶：《期待权初探》，《法律科学》1996年第4期。

就是一种支配权，就像绝对权一样，性质上属于物权[1]。理由有如下几点：购房者与房产商之间订立的商品房预售合同是以完整的商品房价值作为交换价值的，虽然房屋尚未建成，但并不影响双方对这一事实的理解。因此，当事人之间以不动产所有权的取得为目的而订立的合同就是以物权变动为目的产生的合同。还有，买受人与开发商签订的《商品房预售合同》要经过登记备案，这一行为在某种程度恰恰体现了该期待权的物权性，这样的话就不能定性其为权利质押了。

4. 我国商品房按揭的法律定位

在将按揭与抵押、质押、让与担保比较后，不难得出结论，按揭是我国内地银行在抵押担保的实践中吸收、发展、变异英美法系、香港法的基础上而成长起来的，且在实践中广泛应用的，不同于抵押、质押、让与担保的一种新的物权形式，但我国现行立法并没有对按揭制度做出明确的规定。权利是由法律确认的，物权更是如此，对于法律没有规定的物权，如果承认其效力，有违物权法定之原则。由于缺少法律的规制，很不利于我国法律秩序和经济秩序的维护，因此在物权法定的背景下，按揭应该为法律特别是物权法所承认。

由梁慧星教授主持起草的《物权法草案》中，专门提到了按揭，其原因在于："考虑到许多地方已在房屋分期付款买卖中采用所谓的按揭担保，所发生的纠纷因缺乏法律规则而难于裁决，因此有必要在物权法上规定。如果物权法不做规定，将造成法律与实践的脱节，且实践得不到法律的规范引导，也与维护经济秩序的法律秩序不利。"

但在该草案中，梁教授却将按揭规定在让与担保一章，笔者认为这样规定并不妥。正如上文所分析的，按揭不同于让与担保，而且这种在我国实践中发展出来的物权形式要优越于让与担保。其原因在于：一方面，由于事先没有转移所有权，银行并不享有对标的物的所有权，因此其不能随便处分担保的标的物；另一方面，由于开发商只有在贷款人全部偿还贷款后才能为之办理产权证，或者在办理产权证之后将该证书质押在银行处，待到购房人全部偿还贷款之后才将证书交付给购房人，这样就在银行、购房人以及开发商之间形成了一个非常均衡的相互制约与互动关系。这既能

① 王泽鉴：《民法学说与判例研究》（第一册），法律出版社 2002 年版，第 152 页。

对购房人形成一种有效的制约，同时也能有效地防止银行、开发商随意处分房屋，危害购房人的利益。

有学者提出按揭定位的两种思路：“第一种思路是将按揭视为约定担保物权的一种，将其规定在担保物权一章中约定担保物权一节，成为与抵押、质押相对应的一种物权形式。第二种思路是如果《物权法》承认了让与担保制度，那么可以将按揭规定为与让与担保相并列的一种非典型担保，共同规定在非典型担保一章中。”① 学者们的第一种思路关于内地按揭定位是与英国法的第二种意义的 mortgage 相吻合，第二种思路实际上采用的是现代德国、瑞士的做法②。笔者认为第一种思路更为妥当。

世界在变化，现实经济生活在变化，社会制度在变化，法律规范也在变化。中国内地的担保法律制度，并非一定要恪守大陆法系的坚强堡垒，在瞬息万变的世界中，应该具有开放性和包容性。我们不必拘泥于大陆法系的概念体系，勉强将其归属于抵押或质押，应该将按揭作为一种独立的担保方式在立法中确定其应有的法律地位。当然无论采取哪一种方式，为规范按揭担保这一新的物权形式，尽快建立、完善我国商品住房买卖担保法律体系才是尤为重要的，这样才能更好地调整实践中存在的大量的按揭法律事实，才能弥补目前整个商品房按揭的法律真空状态。

第三节　我国商品房按揭实务中存在的问题

一、我国商品房按揭的立法现状和存在问题

1. 我国商品房按揭的立法现状

1992 以来，我国沿海的一些省市陆续出现了一些有关楼花按揭的规定：1992 年 3 月 1 日，珠海市房地产管理局和司法局便发布了《关于开展商品房预售（楼花）和按揭贷款公证及登记备案业务的通知》，对楼花买卖和楼花按揭作了政策性的规定，这大概是“按揭”制度在中国内地的第

① 黄志明，张琦：《论按揭的法律定位》，《法学家》2001 年第 3 期，第 78 页。

② 唐烈英：《商品住房买卖贷款按揭法律问题研究》，法律出版社 2008 年版，第 274 页。

一次“亮相”。1992 年 10 月 20 日交通银行发布了《按揭（楼宇、楼花）贷款办法》。后来，其他一些地方性的规章也有了类似的规定。比如三亚市的《关于向三亚市商品住宅提供按揭贷款的暂行办法》、深圳市的《关于在深圳市统一实施房屋按揭保险业的通知》等，房地产市场得到了进一步的发展。1994 年国务院做出关于深化城镇住房改革的决定之后，一些金融机构在其制定的部门规章中明确接受了楼花按揭的做法。继而，几大国有银行都规定可以预购商品房设定抵押。1998 年 5 月 9 日施行的《中国人民银行个人住房贷款管理办法》，使楼花按揭进一步走向有序化。

2. 我国商品房按揭立法中存在的问题

按揭在经过十几年的发展后，现在已经成为大众比较主流的购房方式。在这过程中，虽然有配套的司法解释、地方性法规、部门规章等等对其进行规范，但是仍然缺少统一的法律规范，按揭制度在我国还存在很多的问题。

（1）缺乏基本法的规定，相关规定散见于部门规章和司法解释之中

我国对商品房按揭制度的相关规定仍然停留在部门规章和司法解释的层面上，按揭的业务操作和纠纷还是主要参照《担保法》、《城市房地产管理法》、《中国人民银行个人住房贷款管理办法》等，没有上升到法律的层面，全国人大及其常委会没有对按揭制度明确地加以确立，这将会造成法律制度的不规范，不利于我国法制进程的发展。按揭立法理论与按揭实务的分离，导致很多纠纷无法可依。原本可以有法律统一规范的问题现在却要当事人自己协商，使得过程更加繁琐复杂，如果出现协议未作约定的纠纷矛盾，一旦协商不成，极易产生其他更多的严重后果。

（2）不动产登记存在很多问题

《担保法》第 42 条规定：“以城市房地产或者乡（镇）、村办企业的厂房等建筑物抵押的，为县级以上的地方人民政府规定的部门。”然而人民政府规定的不动产管理或登记的部门比较混乱，如规定土地部门、房产部门、房地产管理部门、工商行政管理部门或者公证部门等。如果在同一个财产上设定数个抵押权，当事人就要到不同部门办理抵押登记，这不但会增加当事人的担保交易成本，威胁交易安全，还会造成抵押权重复设定，抵押权顺序混乱等问题。

（3）银行过分强调自己的利益

在实务操作中，银行为了保护自己的利益制定了按揭业务的规定，购房人只能依据他的规则操作。一般是银行单方面利用其所处的地位制作提供格式合同，购房人和开发商只有签约与否的选择，没有对合同条款进行协商、修改的余地。而且在按揭合同中，关于银行本身的义务规定得非常含糊笼统，导致银行的权利得到落实而购房人和开发商的权利保护却明显不足①。

（4）按揭房地产处置制度不够完善

根据我国《担保法》的有关规定，在债务人违约时，债权人无权对抵押物加以处置，只能以抵押物折价或者变卖抵押物的价款优先受偿，但是，由于我国房地产市场仍处于发育阶段，市场功能不健全，在楼宇拍卖、变卖时可能卖不出去或者价格偏低，使得贷款银行的利益难以实现或者得不到应有的保护。

二、我国商品房按揭保险及其存在的问题

贷款按揭合同关于保险条款的主要内容②有：

（1）按揭借款人必须按照贷款银行规定的保险险种、到银行指定的保险公司投保，签订保险合同；

（2）保险金通常不低于担保物的总价值；

（3）保险费由按揭人支付；

（4）保险期不低于贷款期限；

（5）保险合同约定的保险事故发生后，银行为第一受益人；

（6）在贷款按揭本息还清之前，保险单正本由按揭权人执管；

（7）贷款期间，担保的担保物如因不可抗力毁损，贷款银行作为按揭权人，有权直接从保险公司给付的赔偿金中收回按揭人应偿还的剩余贷款本息，余款退还按揭人，如果保险公司给付的赔偿金不足以偿还贷款本息，按揭权人有权向按揭人和保证人（房地产开发商）继续追偿。

商品住房贷款按揭涉及商品住房买受人、贷款银行、房产开发商等主

---

① 蔡耀忠：《中国房地产法研究》，法律出版社 2002 年版，第 349 页。

② 唐烈英：《商品住房买卖贷款按揭法律问题研究》，法律出版社 2008 年版，第 226 页。

体和不同类型的民商事法律关系，比一般交易更为复杂。个人购买、居住、使用商品住房的过程中，商品住房可能受到各种来自自然灾害、意外事故和社会风险的威胁。

保险是一种“集合具有同类危险的众多单位和个人，以合理的计算分担金的形式，实现对少数成员因该危险事故所导致的经济损失进行补偿的行为”①。保险能够规避现实或潜在的风险，能够消除或减弱风险事故造成的不利影响。商品住房按揭的特点以及保险的优点，使我国在商品住房贷款按揭的运行中，需要保险业的积极介入，以对潜在的风险予以化解。

银行关于商品住房贷款按揭保险中，在法律上、法理上、实践中的实际效果上存在一定的问题：

1. 强制保险的问题

中国人民银行的《个人住房贷款管理办法》颁布实施以来，按揭购房强制保险问题便备受非议。其第25条规定：“以房产作抵押的，借款人需在合同签订前办理房屋保险或委托贷款人代办有关手续，抵押期内，保险单由贷款人保管。”第26条规定：“抵押期内，借款人不得以任何理由中断或撤销保险；在保险期内，如发生保险责任范围以外的因借款人过错的毁损，由借款人负全部责任。”借款购房的商品住房买受人必须按照银行要求为借款购买的商品住房投保，只有办理了保险，银行才办理贷款，不办理房屋保险就不能贷款按揭，其保险不能中途中断或变更。这就使贷款按揭保险成为住房贷款按揭不由分说的强制搭配。贷款按揭的商品房买受人必须参加保险，必须按照贷款银行规定的保险险种、到银行指定的保险公司投保，签订保险合同。

强制保险明显是不合法的：首先，这违背了我国《保险法》的自愿原则，《保险法》第4条规定：“从事保险活动必须遵守法律、行政法规，尊重社会公德，遵循自愿原则。”其次，违反了《保险法》第10条第2款“除法律、行政法规必须投保的以外，保险公司和其他单位不得强制他人订立保险合同”规定。国务院行政法规及其部门规章的规定不得与全国人大及其常委会法律的规定相违背，因此，这就违背了《立法法》的精神，

---

① 国家信息中心中国经济信息网：《CEI中国行业发展报告——保险业》，中国经济出版社2004年版，第3页。

是无效的。再次，违反了《反不当竞争法》规定。个人购买商品住房、为购房而贷款、为贷款而买保险等行为是纯商业行为，应遵循自由竞争的商业规则，而不是接受行政命令。《反不当竞争法》第7条规定："政府及其所属部门不得滥用行政权力，限定他人购买其指定的经营者的产品，限制其他经营者的正当经营活动。"中国人民银行是政府的一个职能部门，其以部门行政规章的方式强制按揭借款人办理保险的规定及各贷款银行的做法，违反了《反不当竞争法》的规定，而国务院金融监督管理部门却没有实施监管、予以纠正，从而也就使《保险法》规定的"在中华人民共和国境内从事保险活动，适用保险法的规定"形同虚设，一纸空文。

贷款按揭购房的保险合同属于自愿保险，贷款按揭人不是必须投保，不是必然发生保险合同关系，但是根据《住房贷款管理办法》规定，各银行在办理按揭的实践中，实际上已将此自愿保险转为事实上的强制保险，住房买受人为了能够贷到购房款不得已接受这种强制规定，这与现行有关的《保险法》的规定不相符合。商品住房贷款按揭强制保险在学术界引起争议，备受责难，因为购房者不服强制要求保险而发生的诉讼屡见不鲜。2002年9月26日，《南方周末》刊登的文章列举了《按揭购房强制保险"八宗罪"》，即签订"霸王合同"、风险嫁接、保费不知何去、指定银行为受益人、指定保险公司、一次性收取保险费、重复保险、保费过高等问题①。

然而也有一种声音赞同强制保险，认为在按揭协议中，三方都是平等的主体，有意思表示的自由，谁都没有强迫谁加入或不加入这一协议。同时，银行恰恰才是弱者，而不是消费者。银行把几十万、上百万的钱贷给买房人，很有可能贷出去的钱收不回来。"认为按揭购房协议中贷款银行要求向其申请贷款的购房人办理房地产保险是一种单方的交易条件，是一种要约意思表示，它不具有任何强制性，是合法合理的，即使是强制保险，也是为了保障保险关系当事人之外的第三人利益，同样是正义性的"②。

虽然从理论上讲，对银行提供的必须投保的格式条款，购房人有选择或不选择的自由，对于贷款银行的要约意思表示，购房人有承诺或拒绝承

① 张文章：《按揭购房强制保险"八宗罪"》，《南方周末》2002年9月29日，第1版。
② 王世其：《购房按揭强制保险若干问题分析》，《法学》2003年第4期，第116页。

诺的自由，但是对于必须借款才能买房的人说，对于贷款银行“必须买保险”的要约作出拒绝的意思表示，就意味着不买商品住房保险，也意味着不能贷款、不能购房。难道这种契约自由没有经济胁迫的意思吗？问题在于是不是只要合理正义的就必须要强制执行？国家推行住房货币化、商品化，商品住房的开发经营、消费，需要金融业、银行的支持，也需要保险业的支持。即使这种需要确有必要强制也只能由国家加以强制，不能由部门出于自己的利益，利用自己的强势地位去强制。银行的立场是要考虑，但按揭买受人的利益更不能漠然视之。

2. 贷款银行指定保险与代办保险的问题

保险合同的订立是当事人意思自治的表现。正如以亚当·斯密为代表的古典自由主义的政治经济学家们所认为的那样，“每个人最能了解和判断自己的利益，因此，社会应当允许个人自由选择其生活道路，自主安排其个人事务”①。贷款按揭住房买受人作为正当的民事主体，有权利根据自己的具体情况，对不同保险公司、不同的险种加以比较，作出判断，选择出适合自己的、有实力的、信誉好的、履约及时的保险公司作为其保险合同的相对人，与其签订保险合同。

在贷款按揭合同中，贷款银行“按揭借款人依照按揭权人规定的险种到指定的保险公司投保”的规定，使商品住房买受人根本无法自由选择保险公司，只能按照银行的意愿来投保，剥夺了买受人的选择权。银行的指定行为既侵犯了商品住房买受人的自由选择权，违反了民法上的自愿原则，也违反了《反不当竞争法》，造成了金融行业内部的不正当竞争行为。银行强迫按揭投保人只能向与贷款银行有合作关系的保险公司投保的“捆绑式”销售，是一种典型的利用垄断地位的行为，这对于没有与银行建立合作关系的其他保险公司来说就无法参与平等的市场竞争，从而妨碍了保险市场的有序发展。

银行与特定的保险公司的合作关系，是银行与保险公司的利益驱动所致。这种“联姻”关系，实际上就是一种保险代理关系，即特定的贷款银行作为特定的保险公司的代理人，与商品住房买受人签订保险事宜，贷款

---

① 张文显：《二十世纪西方哲学思潮研究》，《当代中国法学学库》，法律出版社 1996 年版，第 241 页。

银行既是保险公司的代理人，又是商品住房买受人的代理人，银行同时担任双方代理人的情况在民法上构成禁止的滥用代理权的双方代理[①]。有人尖锐地指出，贷款银行这样做就是“为了从保险公司那里获得手续费，强行要求借款人委托其办理保险，并又以保险代理人的身份向借款人强制推销保险。这一方面难免以实质上的双重身份损害借款人的利益，另一方面难免方便保险公司肆意设计险种损害借款人的利益，阻碍保险人之间的合理竞争”[②]。

3. 银行作为第一受益人的问题

《城市房地产抵押管理办法》第23条规定：“抵押当事人约定对抵押房地产保险的，由抵押人为抵押的房地产投保，保险费由抵押人负担。在抵押期间，抵押权人为保险赔偿的第一受益人。”

而《保险法》第21条第3款规定：“受益人是指人身保险合同中由被保险人或者投保人指定的享有保险金请求权的人，投保人、被保险人可以为受益人。”根据这一规定，保险中的“受益人”是人身保险合同中的特有概念，仅在人身保险中存在，而在财产保险中是不存在的，因为“财产保险契约之本质，即在‘禁止得利’，则于保险事故发生时，受损害填补之不得因而得利，除被保险人之外，则别无所谓受益人。被保险人即受益人，受益人即被保险人。要保人与被保险人（受益人）属同一人，称之为自己利益保险；要保人与被保险人（受益人）不属同一人，则称之为他人利益保险。享有赔偿请求权之人，除被保险人外，并无另有所谓受益人存在”[③]。按揭贷款合同把贷款银行认定为贷款按揭保险的第一受益人，明显与我国《保险法》相冲突。这种冲突的具体表现如下：

（1）违背了保险的基本原理

受益人有如下法律特点：受益人是由投保人或被保险人指定而产生的；受益人是无偿享有保险金额领受权的纯粹受益者；受益人的受益不具有稳定性[④]；收益权是一种期待权。

① 唐烈英：《商品住房买卖贷款按揭法律问题研究》，法律出版社2008年版，第232页。

② 王世其：《购房按揭强制保险若干问题分析》，《法学》2003年第4期，第117页。

③ 邹海林：《保险法》，人民法院出版社1998年版，第72页。

④ 《保险法》第60条、第61条、第62条。

在住房贷款按揭保险合同中，当事人主要有投保人和保险人，投保人是借款人，保险人是保险公司，而发放贷款的银行与保险公司无直接的权利义务关系，在保险事故发生时，保险公司只能直接向借款购房的投保人或者被保险人给付保险金，没有义务向银行支付保险金。银行认为自己因按揭权而产生的优先受偿权将无法保证能够得以实现，其现行做法就是在提供的与借款人签订的贷款按揭合同中，将自己作为第一受益人，以确立银行对保险赔偿金直接享有请求权。

银行是贷款按揭关系的当事人，作为按揭人，对于按揭担保物享有优先权。但是银行对商品住房或贷款不投保参保，对保险物没有财产上的利益，不是保险合同关系的当事人。当投保的商品住房发生不可归责于任何人的保险事故，银行的按揭权与商品住房买受人的商品住房所有权同时受损，银行作为按揭权人，不管是不是"第一受益人"，依《担保法》规定，银行本身就享有因按揭权而产生的受益。对保险公司支付给商品住房投保人的赔偿金，银行享有优先于买受人受偿的权利，这不是基于保险行为本身，而是基于银行对商品住房享有的按揭的担保物权，这不是投保人或者被保险人指定让与的。保险金受益人即使是买受人自己，但买受人有义务用保险金清偿银行欠款，如果商品住房没有办理保险而被意外灭失，买受人没有获得保险赔偿金，并不意味着买受人对银行的债务就自然消灭，他还是必须用自己的其他财产向贷款银行清偿债务。

银行原本是贷款按揭合同当事人，非要将自己置于保险合同的"第一受益人"的当事人地位，将人身保险中的专门法律概念在财产保险领域随意地混用，造成法律关系混乱，对自己也毫无利益可言。

（2）给银行的信贷业务和信誉带来负面影响

"银行作为受益人无偿享有保险赔偿金请求权"这一表述，给人们造成误解：作为投保人或者被保险人出钱买保险，而贷款银行则免费受益，是商品住房买受人花钱保障银行的利益，目的是让贷款银行放心地发放商品住房贷款，银行是将贷款人当做"不可信任人群"，这是对消费者的一种歧视[1]。

对于银行强制保险和作为保险受益人的做法确实存在很多弊端，有人

① 唐烈英：《商品住房买卖贷款按揭法律问题研究》，法律出版社2008年版，第237页。

犀利地指出："在整个按揭过程中，银行自始至终都处于一个十分优越的地位，这不仅体现在银行对客户和保险行为的选择上，更多的体现在既有保险公司的保险作保障，又有房地产作抵押，可以说毫无风险；同时，银行还获得高额的贷款利息。相反，按揭人则处于极其恶劣的地位，不但要每月向银行支付固定本息，还要承担相当数额的保险费用；一旦按揭人无法偿还剩余本息，根据按揭合同规定，保险公司代偿后又对按揭人具有追偿的权利，按揭人自始至终都处于一个'义务人'的角色。因此，这种按揭人投保、银行收益的做法，是将所有的风险都强加于按揭人头上，有失公平。"①

三、商品房按揭的信用体系存在的问题

诚信是个人的立身之本，是迈向成功的阶梯，获得幸福的钥匙；诚信也是构筑社会信用体系，建设文明社会的基石②。诚信是市场经济的基本要求，如果没有信用，市场秩序将很难得到保证。在信用体制发达的国家，很少有不诚信的行为，因为一个人一旦做出违背诚信的事情，将会影响到他以后的生活、就业等各个方面。然而我们的诚信是建立在道德基础上的，即使不诚信，由于缺乏法律的制约，也仅仅只会受到道德上的谴责，却不会有任何经济或其他方面的损失，这难以推动整个社会信用制度的发展。

2005 年，恒源祥在武汉、长沙、长春、哈尔滨等地开展了一系列免费试穿羊毛衫的活动。消费者只要和恒源祥签订一份归还协议，便可凭身份证免费试穿羊毛衫两天，两天后再决定是否购买。试穿活动截止后，归还和购买羊毛衫的消费者中，武汉有 18%，长沙是 26%，长春是 17%，哈尔滨是 33%，恒源祥挑战消费者个人信用的尝试以失败而告终③。可见国民的信用意识是多么的淡薄。

造成这样结局的原因有以下几点：（1）人们的信用意识非常淡薄；

---

① 王亚明、郭岩：《论个人住房按揭保险的违法性》，中华财会网 www. e521. com。

② 廖志明：《实施个人信用档案的社会意义》，http：//pg. cx360. com/2005/10/27/2005102711350073499. html。

③《恒源祥品牌挑战个人信用消费失利启示》，http：//law. nzn. cn/news. php？ do = view&ni = 22220。

(2) 我国缺乏完善的个人信用立法和严格有效的信用执法环境；(3) 失信惩罚机制不健全，失信收益远远大于守信利益。

我国信用体系主要存在以下问题：

1. 我国个人信用立法滞后

虽然我国个人信用体系近年来取得了一定的成绩，但是到目前为止，我国还没有一部全国性的征信法律或法规，而我国个人信用体系建设涉及各方面的利益，个人信用数据的收集、公开、使用、披露等，都离不开法律的支持。因此我国立法机关要尽快弥补个人信用体系的立法缺陷①。

2. 我国失信惩罚机制尚未建立，失信者没有受到相应的惩罚

在信用制度健全的国家，一旦谁在信用档案中留下污点，都会为此感到羞耻，并将为此付出沉重的代价。但在我国，信用只是作为一种美德，约束的手段仅仅是道德。因此对于失信行为的惩罚，无论从立法还是执法上，都不足以将信用提升到经济价值的层次来加以规制②。由于我国缺乏失信惩罚机制，所以人们的守信意识也很淡薄，因为即使失信对于人们来说没什么损失或者影响，如此就会导致整个国家、社会都会处于一种无信的状态，这小到对于个人的生存发展，大到对于我国的国际形象以及政治经济能否健康发展都有极其重要的影响。

3. 我国缺乏完善的个人信用档案

如果对个人的守信或失信行为的违法行为没有记录，那么就很难提高公民的信用意识，难以对他们的行为进行有效制约，同时也为按揭贷款业务的办理增加了成本和风险。借款人由于缺乏权威的个人信用资料，在办理贷款业务时要提交很多资料，如收入证明、抵押担保等，银行也要对这些资料进行审核，稍有不慎就会遇到“假按揭”的发生，这样就会增加贷款银行的业务成本、风险以及工作难度，并影响到借款人对办理按揭贷款的信心③。

① 熊其康：《对加快我国个人信用法律制度建设的思考》，《经济界》2005 年第 1 期。

② 晏钢、赵灿：《浅谈我国目前开展的住房按揭业务》，《云南财贸学院学报》1998 年第 3 期。

③ 晏钢、赵灿：《浅谈我国目前开展的住房按揭业务》，《经济界》2005 年第 1 期。

四、商品房按揭中存在的“假按揭”问题

自商品房按揭制度诞生之日起，假按揭这一现象就一直存在。假按揭不仅破坏市场经济的诚信原则，更危害了银行信贷安全，导致房地产市场的恶性循环。一旦房地产泡沫破灭，必然在金融业、房地产业及其相关行业里产生恶性连锁反应，造成社会的动荡。

1. 假按揭的分类

所谓“假按揭”，是指开发商串通无真实购房意愿的购房借贷申请人或独立伪造购房借贷申请人，以虚假购房交易套取银行个人贷款并可能代替虚拟或不真实的购房借贷人归还贷款的行为[①]。假按揭的本质是利用个人住房贷款从银行借款来解决资金周转的问题。

“假按揭”手段的多样性和形式的合法性已经让我国银行防不胜防。但是，目前主流的“假按揭”基本还是可以分为以下两大类[②]：

第一，有贷款人真实签名的“假按揭”。带有真实签名的“假按揭”的主要特征是所有的申请资料和合同在形式上都是合法、完备的。因为开发商提交的申请、购房合同、申请资料、与银行签订的个人住房借款合同均落有借款人的真实签名。此类“假按揭”虽然在形式上合法，但在实质上却因为购房人不具有真实的购房意图而无效。

第二，伪造贷款人签名的“假按揭”。房地产开发商为了骗取银行贷款，以伪造借款人签名的方式向银行提供虚假的购房合同和其他申请资料向银行申请个人住房贷款，如果银行同意了申请，房产商伪造借款人的签名同银行签订购房合同，并以借款人的名义还款。

现实中有购房人真实签名的“假按揭”更受青睐，一般是房产商串通内部员工及亲属进行“假按揭”贷款，一旦无法按时还款时借款人可以以没有真实购房意愿为由主张合同无效，并拒绝偿还银行贷款。

2. 假按揭存在的原因分析

我国“假按揭”贷款的形成原因，主要有以下几个方面：

---

① 李延荣：《房地产法研究》，中国人民大学出版社 2007 年版，第 140 页。

② 何正启：《个人住房“假按揭”贷款若干法律问题探讨》，《金融法苑》2003 年第 3 期。

首先，为解决资金的困难，开发商用按揭方式非法获得银行资金。实务中，主要是“半拉子”工程，或是“烂尾楼”，由于选址、规划不当、宣传不到位等原因，导致楼盘销售不佳或滞销，开发商急需获得更多资金来继续未完的工程，而假按揭也比较容易操作，所以很多开发商都会利用假按揭方式套取银行资金以挽救欲死的工程[①]。

其次，因为早期的个人住房按揭贷款业务不良率低，而且个人住房贷款还有商品房作抵押，各银行都将个人住房贷款视作优质贷款。银行为了增加业务，漠视政策，不惜降低按揭贷款门槛，简化办理的程序，如放松或省略对借款人身份、住所、工作单位、收入证明等资料是否真实的核实，甚至还有银行与开发商串通勾结。

再次，“假按揭”的监管机制十分有限。很多银行内部并没有形成有效的机制来控制贷款的审批与发放。从表面上看，每笔贷款的发放都是严格按程序由不同的职能部门和人员共同完成的，但事实上，银行在贷与不贷、利率高低等问题上，都是行长说了算，原因就在于我国实行的是“行长负责制”。

最后，与法律的威慑力不够、惩罚机制不健全有着千丝万缕的联系。尽管2007年出台了《最高人民法院关于审理商品房买卖合同纠纷案件适用法律若干问题的解释》，规定可以对开发商的假按揭行为处以惩罚性赔偿，但是假按揭的收益仍远大于违法成本，这还是诱使一些不法开发商铤而走险。

第四节　完善我国商品房按揭的建议

一、完善商品房按揭的立法构想

在我国，商品房按揭已经成为一种非常有效、颇具优越性的担保方式，但目前用抵押法律规范来调整商品房按揭的现状已经明显地暴露出很多不足，所以非常有必要在立法实践方面有所突破。法律滞后于迅猛发展

① 罗森亮：《假按揭掀起你的盖头来》，《上海证券报》2004年7月5号。

的房地产按揭业务，导致了上述诸多的现实问题，不仅阻碍了该项业务的健康发展，也不利于社会主义法制建设。从审判实践的角度看，近年来涉及按揭的问题诉讼到法院，由于无法可依，给审理案件造成了很大困难。因此，尽快制订有关按揭特别是期房按揭的法律法规，是刻不容缓的工作。笔者认为完善我国的商品房按揭制度可以从以下几个方面考虑：

首先，有必要在法律法规中明确预售商品房按揭的法律性质。商品房按揭法律性质的定位事关实务中各方权利冲突的处理，而我国当前对此没有法律规定，造成了商品房按揭的实践得不到法律的支持，法律适用混乱和空白。笔者认为法律可以将其规定为具体的一种方式，并且规定商品房按揭的具体操作细则，从而在法律上肯定商品房按揭实务操作中的合法性。

其次，建议可以用国务院行政法规和部门规章的形式制定全国适用的《商品房按揭管理办法》来改善国内商品房按揭相关法律规定位阶低的状况。我国《物权法》虽已出台，但没有对商品房按揭制度作出相应规定，房地产按揭市场又急需整治，在这种背景下可以考虑先出台按揭管理的行政法规和部门规章，以填补国内立法空白。该办法[①]要注意几点：（1）明确规定对预售商品房设立按揭担保时的登记方式和程序，从按揭担保设立的程序上严格把关；（2）规定按揭人在对按揭标的再次设置抵押时必须事先取得按揭权人的书面同意，否则该行为无效；（3）规定按揭房产的产权暂归按揭银行，因为这样可以为贷款银行提供充分的保护，避免金融风险，这一点可以通过在《商品房按揭管理办法》中明确规定由贷款银行保管有关权属证书的办法来实现；（4）明确按揭商品房设立和转让的条件和程序；（5）明确规定按揭各方的权利和义务；（6）规定贷款银行在按揭期间可随时对按揭房产进行监督检查，但以不妨碍按揭人正常使用为限度。

再次，政府制定商品房按揭的标准合同。通过该标准合同，统一商品房按揭的一般条件，规定如果当事人若无相反约定或特别说明，则视为默认该标准合同的有关条款，杜绝一方当事人提出的无理条款或一方设置“陷阱”条款欺骗对方的情况发生。在该标准合同中，应该具体列明按揭三方的权利和义务，尤其应该以具体条款细化双方的违约责任和损害赔偿

① 王小波：《商品房按揭制度的立法完善》，《山东省农业管理干部学院学报》2003 年第 19 期。

范围，防止因纠纷而出现的扯皮现象[1]。

第四，完善我国的不动产登记制度。一是在全国范围内制定统一的《登记管理条例》，使各地的登记程序趋于统一，这样有利于人们在不同的地方用同样的方式进行登记；二是要统一我国的不动产登记机关，把所有物权登记都统一到一个登记机关是不现实的，但就不动产登记而言，把土地房屋的所有权、抵押权都集中到一个登记机关还是可行的，既可以提高工作效率，又减少了成本。

笔者认为，随着《物权法》的不断完善，应该将按揭制度作为一种新的担保方式规定在《物权法》中，然后制定具体的法律法规或完善相应的法律法规来执行和规范商品房按揭市场。这样才能对商品房按揭制度进行准确的法律定位，才有利于我国房地产市场的健康发展。

二、商品房按揭保险的完善

商品房按揭保险中存在如此之多的问题，如果不能及时解决，将会严重损害借款人的利益，制约我国房地产按揭保险市场的发展。

1. 解决强制保险问题，关键在于完善法律法规

通过法律、法规或司法解释的形式，梳理并废除部门规章中与法律、法规相抵触的条款以及实践中的不合法做法。比如，《个人住房贷款管理办法》、《城市房地产抵押管理办法》等规章中与《保险法》相抵触的条款必须废止；保险合同中一些事项的约定应充分贯彻协商一致、平等自愿的原则，还原契约自由的本来面目，让借贷人有自己的选择空间，有缔约自由以及订立保险合同内容的自由，杜绝“霸王条款”。在观念层面，保险公司应以“人人为我，我为人人”的互助共济思想为信念，以维护投保人的利益为理念；从事按揭服务业的银行不应单纯为“一己之私利”而蔑视广大购房者的利益，应以为购房者提供经济后盾为任[2]。这样，才能真正使保险业与房地产业互动，成为互相促进、发展的两大产业。

2. 可以借鉴其他国家和地区成熟的经验和制度

在荷兰，采用ING模式，按揭银行要求购房人购买相应年限和金额的

① 蒲嘉：《商品房按揭的几个法律问题研究》，西南政法大学硕士论文，2006年。

② 石晓辉：《预售商品房按揭法律问题研究》，复旦大学硕士论文，2009年。

人寿保险（如养老保险）作为贷款的另一种担保。购房人只要支付贷款的利息，人寿保险期满后，其保险金恰好可以清偿贷款的本金，经济负担可以大大减轻；另一方面又可以确保银行债权不会因购房人中途死亡、残废而致丧失还款能力，贷款无法收回①。在美国，经过上世纪六七十年代的发展，已经形成了由私人商业性保证制度以及国家政策性保险和担保制度相结合的个人住房按揭贷款风险防范体系②。这些国家和地区的成熟经验和制度都值得我国结合国情去借鉴。

3. 银行可以通过其他更加有效的措施来规避贷款风险

银行可以通过加强对借款人的信用调查等，改变目前以保险为主的防范路线，实行以抵押为基础，以保险为补充的路线，真正兼顾银行和贷款人的利益。银行、开发商和保险公司应设计出更科学、更符合国际惯例，又适应中国商品房按揭保险现状的保险产品，比如建筑工程险、个人住房贷款抵押信用保险、保证保险等等。同时，专业律师的介入也可以对按揭贷款过程中的风险起到一定的防范作用。律师的介入，可以减轻银行的负担，使银行专注于放款、收款以及市场经营风险的防范上，而且律师的专业审核也避免了虚假证明文件，确保了银行的权益。

三、完善我国的个人信用体系

个人信用制度是对个人历史信用状况、信用程度进行确认的一套制度。完善我国的个人信用体制，对个人的消费、交税、还贷等方面能进行有效的监督，在住房按揭贷款中，能促使购房人积极地履行还贷义务，并能防止假按揭的发生③。我国信用制度存在诸多不完善的地方，因此完善我国的信用体制具有必要性。

1. 立法的完善

为了创造一个信用开放和信息共享的环境，增强人们的守信意识，严惩人们的失信行为，确保征信市场的健康发展，我国的信用立法应从以下方面进行完善。首先是在法律规范下，建立起社会化的个人信用信息的共

① 张炜：《住房金融业务与法律风险控制》，法律出版社2004年版，第166页。
② 符启林：《商品房预售法律制度研究》，中国政法大学出版社2002年版，第154页。
③ 熊其康：《对加快我国个人信用法律制度建设的思考》，《经济界》2005年第1期。

享法律法规，如制定《信用中介机构管理条例》、《个人数据保护法》，在对个人信息进行登记公示的同时，又加强对个人信息的保护。其次是完善个人信用的法律体系并严格执法，健全和完善个人信用监管体系和信用评估立法，制定《征信管理条例》、《个人信用评估管理办法》等法规。第三是修改与建立个人信用体系有冲突的部分法律法规，如《民法通则》、《商业银行法》、《档案法》等法律①。

2. 建立个人资信评估制度

这一制度通过建立针对不同客户类别的信用评级模式，运用科学合理的评估方法，在建立个人资信档案系统的基础上，对每一位客户的守信情况进行科学、准确的信用风险评级，为各金融机构提供信用业务进行决策辅助，为银行等金融机构的信用风险管理打下坚实的基础②。

3. 建立个人资信档案登记制度

这是对个人诚信和不诚信行为的有效记录，通过该记录能对个人的每一行为都进行有效的社会监督，这是构建社会信用体系的基础。只有每一个人都做到诚实守信，整个社会的信用体系才能建立起来。在国外，金融机构在发放贷款之前，都需要向有关机构查询该贷款者的资信情况，而提供这类服务的机构往往是专门的资信档案登记机构，如美国设有专门的个人资信档案登记机关——信用署和信用报告署。他们的信息十分完备，可以向发放贷款的金融机构提供关于消费者利用信用的种类及余额、偿还历史等方面的信用③。我国也可以借鉴美国的做法，建立个人资信档案登记制度。

我国要建立个人资信档案登记制度，应采取渐进式的策略，大致可分为三个步骤：（1）由当地银行牵头，实现在银行系统内的联合征信；（2）由地方政府在银行联合征信的基础上联合证券公司、保险公司、事业单位、“三金”管理处、财政、税收、审计等所有拥有个人信息的部门，实现本区域个人联合征信；（3）条件成熟后，由全国个人信用部门，对各地

① 熊其康：《对加快我国个人信用法律制度建设的思考》，《经济界》2005 年第 1 期。

② 林钧跃：《美国信用管理的相关法律体系》，《世界经济》2000 年第 4 期。

③ 周显志、夏少敏：《英美消费信贷法律制度的历史考察》，《消费经济》2000 年第 2 期。

区个人信息库联网，实现全国个人信用信息库的建立①。

4. 建立个人信用惩罚机制

确立了个人档案登记制度后，如果没有相应的惩罚机制也会使信用制度形同虚设，只有设立了严格的惩罚机制，才能加大人们失信的成本，使他们得不偿失，促使他们在以后的行动中能诚实守信。我国个人信用制度惩罚机制，可以考虑对不同程度的失信行为建立合理的惩罚尺度，施以相应的处罚；建立收集有关失信行为的信息或举报机制；根据失信行为的严重程度，将个人的不良信用记录按照时间长短的不同登记在各相关数据库中。

5. 建立个人信用风险预警管理机制

个人信用风险管理机制的构建主要可以从两个方面去规划：第一，制定相应的规章制度和周密的契约，一旦发现风险可以及时冻结其账户收回贷款；第二，银行通过明确各类贷款的审批标准、审批程序以及各级部门的审批权限，把风险防范细化到每一个步骤，以最大程度消除隐患。

四、我国商品房按揭中“假按揭”问题的解决建议

由上文可知，“假按揭”已成为我国个人住房贷款最主要的风险源头，是我国按揭中存在的危害最大、影响最恶劣的问题，一旦泛滥开来，将会危及整个住房金融秩序的健康发展，甚至可能会引发金融危机。为了保障我国目前商品房按揭的健康发展，笔者提出以下建议：

1. 由专业机构监管预售款

香港《地产买卖条例》规定，地产商买地或建筑如向银行作了按揭贷款，地产商预售房产时不能直接收取楼款，须请律师事务所代收，由律师事务所督促地产商必须先把这些楼款用作建造楼宇的费用和归还银行贷款，余款才能由地产商支取②。这种由中介机构监控房产商对购房贷款使用的制度在很大程度上防范了房产商对于按揭贷款的挪用，也不易发生假按揭。因此，建议由专业机构（律师事务所、会计师事务所等）进行监

① 赵怀勇：《用制度规范个人信用》，http：//www. nzn86. com/news/research/20060201/19654. html。

② 李泽沛：《香港法律大全》，法律出版社 1992 年版，第 286 页。

管。因为这些专业机构独立于交易关系之外，具有公正性；同时专业机构拥有相当的法律资源优势，具有专业性。这些中介机构参与住房按揭贷款的市场运作，可以营造良好的社会信用环境。

2. 加强内部管理，严格审查

银行作为放贷机构，要坚持实地调查原则，严格审查开发商，“还应仔细调查按揭期房项目的地点、结构、地理环境、预售情况、类似房产的价格及销售等情况，在综合分析房产项目的优劣后，选择好的房产项目进行合作”①。

3. 建立银行内部贷款审批和发放的制约机制

银行应在内部建立岗位责任制，以便形成有效的内部制衡机制。实践中，很多银行内部并没有明确的责任追究机制和内部制衡机制，这就导致按揭贷款经办人责任心不强或独自操办整个贷款过程，这将会使银行面临很大的风险。

4. 相应的法律制度的健全

树立企业和个人的法制观念，法制观念影响着开发商和个人合理判断其行为合法与否，尤其是对行为的法律后果的认识。强化对假按揭及违规按揭的法律惩罚机制，对假按揭的惩罚力度应该加大，使开发商畏惧于高额的违法成本而守法经营，以此降低商品房按揭市场的风险②。

① 曾邦华：《揭开“假按揭”面纱》，《中国房地产报》2002 年 9 月 10 日。

② 李金泽、李景欣：《假按揭真困惑》，《银行家》2003 年第 7 期，第 136 页。

第六章　商品房预售模式下的建筑商的权益保护

第一节　商品房预售模式下的建筑商权益解析

一、建筑商权益之内涵界定

在商品房开发项目中，开发商将商品房的建设发包给建筑商，双方设立了建设工程承包合同关系。从开发商取得商品房预售许可证之时起，建筑商就成为商品房预售法律关系中的一方主体。故建筑商在预售中的权益起始于商品房预售许可证的取得之日，终止于预售行为的结束，即商品房竣工验收合格之日。正因为建筑商是基于与开发商之间的建设工程承包合同而加入到商品房预售模式下的，仅与开发商存在直接的权益和义务关系，而不与预购人、银行及其他债权人发生直接的法律关系，故其权益冲突主要集中在与开发商之间。然而，围绕建筑商而展现的权益冲突格局并非局限于此，而是与预购人、银行及其他债权人、房地产行政管理机关等诸多主体的权益相关联。

具体来看，商品房预售模式下的权益冲突首先表现为与预售行为相关的各方主体间的权益冲突。预售权益主体包括预售行为直接参与者和间接相关者，前者包括开发商、建筑商、预购人、银行及其他债权人；后者包括对预售行为实施宏观调控的国家机关、商品房登记及管理机关，以及因预售行为受影响的其他利害相关人。相应地，商品房预售模式下的与建筑商的权益冲突也可以分为其与直接参与者的权益冲突和其与间接相关人的权益冲突。

纵观预售模式下各方权益冲突，从性质上看，则表现为私益与私益、私益与公益间的冲突。商品房预售绝非开发商的个人行为，也绝非建筑商的个人行为，它涉及预售各方的私益、有关国家机关的利益以及社会的公共利益。进而言之，商品房预售涉及建筑商与国家的权益冲突、与预售各方之间的权益冲突、还有与社会公共利益的冲突。其中，私益与公益的冲突一方面表现在作为预售行为直接参与者的建筑商和作为土地所有者的国家、作为对房地产行业进行监管和对预售行为进行宏观调控的国家机关的权益冲突；另一方面表现在建筑商权益与土地资源、城市规划、生态环境等社会利益的冲突。权益冲突的表现上看，其直接表现为预售各方主体因其权利享有和限制不同而导致相关各方经济利益的冲突。法律对权利的设置引导了主体的行为，而不同的权利结构又决定了资源利用的不同成本，即形成了不同的收益模式①。换言之，权益冲突体现为法律制度设置中的矛盾，是权利选择中的冲突。从权益冲突的法律价值上看，其冲突表现为平等、公平、效率等价值目标的偏差与矛盾。众所周知，对权利的行使不得违反公序良俗，不得损害他人的合法权益。而考察预售关系现状，各方主体私益的张力往往会影响到他方主体权利的实现，私益和公益因效率与公平价值位阶选择的不同而产生的冲突也极为突出。可见，商品房预售模式下的建筑商的权益错综复杂，牵连到多个部门法的调整，要完全厘清几乎是不可能的。

本书仅选取了四方与之联系最为密切且重要的主体进行探讨。为了直观地描述以建筑商为中心的权益冲突关系，特以图谱形式表述如下：

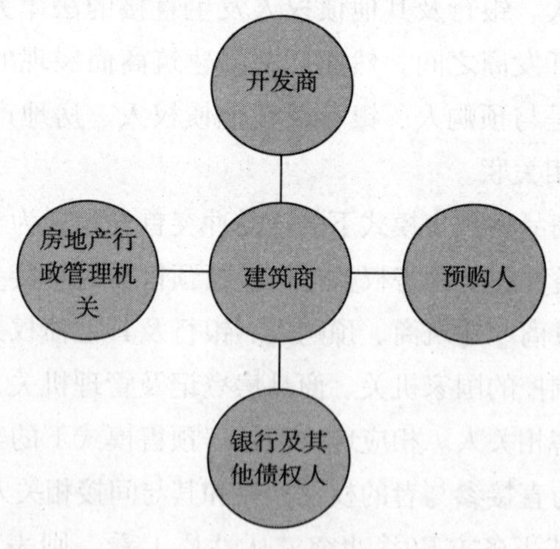

① 吴清旺、贺丹青：《房地产开发中的利益冲突与衡平》，法制出版社 2005 年版，第 17 页。

又因建筑业向来属于国家行政机关严格监管的行业，工程建设活动各方除依法接受行政管理外，还同时享有法律直接规定的权益。这种法定权益直接来源于法律规定而非当事人的合意，主要是指《合同法》第286条规定建筑商于开发商不按期支付工程款时就工程折价、拍卖款项享有的优先受偿权①。

综上，将商品房预售模式下的建筑商的权益定义为：贯穿于预售行为始终，以建设工程承包合同为轴心，依合同约定和法律规定而享有的权益，以及作为利害相关人因受预购人、银行及其他债权人和相关房地产管理行政机关的影响而享有的权益。

故其权益内容也分成三个层次：基于建设工程承包合同所享有的权益，基于法律规定所享有的权益，基于权益冲突而作为利害相关人享有的权益。

基于建设工程承包合同所享有的权益内容主要规定于《合同法》第275条中，包括：

（1）建筑商有要求开发商按合同约定的时间和要求提供原材料、设备、场地、资金、技术资料等权利，如若合同约定由建筑商采购原材料和设备的，建筑商有权要求开发商及时拨付采购款并按约定自主采购，开发商无权要求建筑商向其指定的生产厂家或供应商购买；

（2）在商品房竣工验收后，建筑商有权要求开发商及时验收、结算工程款并受领该工程，其中，要求开发商及时足额支付工程款也是建筑商权益的核心；

（3）开发商有违反合同约定的行为，如临时变更设计、不按期拨付建设所需款物等情形，建筑商有权采取措施停工或缓工，并对造成的损失向开发商请求赔偿；

（4）建筑商基于建设工程承包合同约定所享有的其他权益②。

基于法律规定的权益是指即使在建设工程承包合同中没有约定，建筑商也依法享有的权益。建筑商在商品房建设中投入巨大的人力和财力，足额获得工程款是其最基本的权益。

① 《中华人民共和国合同法》第286条。

② 符启林：《商品房预售法律制度研究》，中国政法大学出版社2002年版，第274页。

《合同法》第286条规定，发包人未按照约定支付价款的，承包人可以催告发包人在合理期限内支付价款，发包人如果逾期不支付的，承包人可以与发包人就工程协议折价或申请法院将该工程拍卖，承包人就工程折价或拍卖所得价款优先受偿。这种优先受偿权就是建筑商基于法律直接规定所享有的权益。

作为利害相关人而享有的权益的内容则十分宽泛。建筑商因实现优先受偿权与预购人、银行及其他债权人之间产生的权益冲突，有关房地产管理机关在建筑从业单位资质管理、工程竣工验收、预售款监管、预售许可等方面存在着与建筑商的权益冲突的可能，国家对房地产行业特别是商品房预售的宏观调控措施也可能造成建筑商既有或可预期利益的损失。

二、建筑商相关权益之性质及成立条件

商品房预售模式下的建筑商的三个层次的权益由于来源不同，其性质也存在差异。依建设工程承包合同而享有的权益性质自然是债权债务关系。作为利害相关人的权益因与之冲突对象的不同，既可能是私益之间的冲突，也有可能是与国家公权力之间的冲突。相应的，其性质就既可能是平等主体间的民事财产权，也可能是作为行政相对人而享有的权利。这里都暂不做具体论述。

有必要提及的是建筑商所享有的优先受偿权的性质。学界曾有争议并广为论述，主要有留置权说、优先权说和法定抵押权说三种观点。

留置权说认为建设工程合同实质是一种承揽合同，只是留置物为不动产，因此扩大解释认为建设工程价款优先受偿权是不动产留置权[①]。但由于留置权是《物权法》明确规定的一种他物权，其内容具有法定性，将在建工程作为留置权的标的显然不符合物权法定原则。

优先权说认为建设工程优先受偿权符合优先权[②]的制度功能，与优先权的法律特征相一致，因此将其定义为不动产特别优先权[③]。但由于《物权法》中没有规定相应的优先权制度，根据物权法定的原则，在中国并未

---

① 江平：《中华人民共和国合同法精解》，中国政法大学出版社1999年版，第223页。

② 所谓优先权是指法律直接规定某些债券的债权人就债务人的全部财产或特定财产享有优先受偿的权利。

③ 王利明：《中国物权法草案建议稿及说明》，中国法制出版社2001年版，第513～514页。

建立优先权制度。

法定抵押权说认为建设工程优先受偿权本质上与抵押权一致。其标的物为不动产，不以占有标的物为受偿前提，一旦发包人逾期付款，承包人就有权以拍卖、折价等方式处分担保标的物。

同时，该权利不同于我国现有优先权特殊保护的对象。我国现有的个别优先权保障的是职工工资、税收、国家土地使用权出让金等特殊的债权，建设工程价款不属于这种特殊债权。并且登记也不是决定该优先权的本质特征[①]，此观点以梁慧星教授为代表，尤其是梁慧星教授作为亲自参与《合同法》起草全过程的学者对其立法背景及其诞生发表的看法，颇具有说服力[②]。这也更符合中国现有的民法体系构造以及国人的思维习惯，且具有可操作性[③]。

还需说明的是，优先受偿权的行使范围是建设工程价款。工程价款应当是建筑商在建设工程中，按照合同约定已经产生的实际费用。依据最高人民法院《建设工程价款优先受偿的批复》之规定，工程价款包括为建设工程应当支付的工作人员的报酬、材料款等实际支出的费用，不包括因开发商违约而造成的损失[④]。建筑商已经用于建设工程的垫资也属于工程价款[⑤]。

商品房预售模式下的建筑商享有的权益成立时间也并非一致。基于建设工程承包合同享有的权益从合同生效之日起成立，作为利害相关人享有的权益从与相关主体发生权益冲突之时成立。享有的法定抵押权的成立时间则有争议，一般认为是在债权未受清偿之时成立[⑥]。然而，考察该权利的立法本意，应当是为了保护建筑商的权益，尤其是在建筑商进行了部分垫资的情况下，防止开发商对在建工程进行随意处分致使建筑商权益落

---

① 梁慧星：《合同法第二百八十六条的权利性质及其适用》，《民商法学》2001 年第 9 期。

② 梁慧星认为："合同法第 286 条设计、起草、讨论、修改、审议直至正式通过，始终是指法定抵押权。在历次专家讨论会上，未有任何人对此表示异议，未有任何人提出规定承包人优先权的建议。"参见梁慧星：《合同法第二百八十六条的权利性质及其适用》，《民商法学》2001 年第 9 期。

③ 梁慧星：《合同法第二百八十六条的权利性质及其适用》，《民商法学》2001 年第 9 期。

④ 《建设工程价款优先受偿的批复》第 3 条。

⑤ 宋令友：《实践中的房地产法律问题》，法律出版社 2007 年版，第 175 ~ 176 页。

⑥ 张学文：《建设工程承包人优先受偿权若干问题探讨》，《法商研究》2000 年第 3 期。

空，避免实际上用建筑商的资金偿还开发商的其他债务的情况的发生，具有维护社会公平的目的。若认为该法定抵押权于债权未受清偿时成立，那么，在其之前通常已存在一般抵押权（开发商向银行设定的在建工程抵押）或将项目预售，有违该法定抵押权设定的初衷。从这一角度出发，结合我国现行法律规定，建筑商的法定抵押权应于建筑商就发包方所享有的债权成立的同时成立，而非工程竣工之时或债权未受清偿之时①。

由于本书所说的建筑商的权益是发生在商品房预售过程中的，因此，上述权益的成立还受到预售时间的限制。商品房预售时间开始于取得预售许可证。申请预售许可证的条件规定于《城市房地产管理法》第44条："预售方已经全部交付土地使用权出让金，取得土地使用权证书；持有建设工程规划许可证和施工许可证；按提供的预售商品房计算，投入开发建设的资金达到工程建设总投资的25%以上，并已经确定施工进度和竣工交付日期。"只要取得了预售许可证就应认为预售条件成立，因为预售许可是一种行政许可行为，属于行为许可，是行政相对人有权从事预售行为的证明，开发商获得预售许可证必须是已经履行了行政法上的义务。行政行为具有公信力，预购人等应当能够凭借预售人（开发商）是否具有预售许可证即判定其是否具有预售资格。这种商品房预售许可结束于商品房竣工验收合格。已经竣工验收合格的商品房已经属于现房，预售当然结束。

第二节　商品房预售模式下的建筑商权益之实然状态

一、建筑商权益所受之侵害

1. 开发商行为对建筑商权益的侵害

建筑商的权益主要是对开发商所享有的，故在预售关系中所受的侵害首先直接来自于开发商，主要围绕着工期、质量、工程款支付和工程决算

① 符启林：《商品房预售法律制度研究》，中国政法大学出版社2002年版，第279页。

四大问题展开。其侵犯的形式主要有：

建设工程合同签订之后，开发商未按照约定及时提供建筑材料、施工图纸，影响工程的进度，导致建筑商窝工。

建设工程开工后，本约定由建筑商采购的建筑材料、建筑构配件和设备，开发商却指定建筑商购买某种建筑材料、建筑构配件和设备，或者指定生产厂和供应商。通常情况下，合同只要约定由建筑商负责采购的，工程预算是比较低的，以防止建筑商购买质次价高的建材，并对因建筑商原因导致的超预算的责任予以约定。因此，只要建筑商购买了合格的建材，开发商就无权干涉。开发商的干涉行为既侵害了建筑商的自主购买权，又可能导致工程实际造价超过预算造价，结算上对建筑商不利。

建设工程完工之后，开发商无正当理由迟延或拒绝验收。工程完成不等于建筑商已经履行了全部义务，在竣工验收合格后建筑商才履行完其全部义务。是故，开发商若在工程完工后迟延或拒绝对建设工程验收，建筑商便无法请求开发商结算并支付全部工程款，且不得不对已完成的工程进行必要的管理，实际上增加了建筑商的费用支出。

工程竣工后，开发商拒绝或者迟延给付工程款。很多开发商在签订合同时，一般都要求工程必须达到优良，但优良的标准似乎很难在合同中约定，如优良率的问题。有的工程在竣工验收时被建设行政机关评定为合格工程，但开发商以工程必须是优良为借口，拒绝工程结算，若双方对此问题调解不成，只能通过诉讼途径解决①。而建筑商在工程建设中的核心利益就是获得工程款。开发商在工程竣工后不履行或不完全履行支付工程款的义务，将从根本上侵害建筑商的合法权益，轻则让建筑商从该项目中无法获益，重则导致建筑商的流动资金短缺，工人讨薪，威胁到其正常的经营活动。

此外，整个工程建设过程中，开发商对建设工程质量造成的损害，也将影响建筑商的权益。这主要是，开发商将建设工程肢解发包，导致整个建设工程在技术和管理上不能统筹协调，因违反了《建筑法》而导致合同关系不成立，从而使得已经实施了部分工程建设的一些建筑商遭受损失。同时，作为发包人的开发商提供的设计存在缺陷造成工程质量问题，也将

① 程根球：《修炼：房地产律师策划实战》，法律出版社2006年版，第154页。

造成建筑商损失。工程建设的设计图纸一般是由发包人提供，工程设计的缺陷可能是设计所依据的勘察有缺陷，也可能是设计人的设计有缺陷，但无论是何种原因造成的，都将带来停工或者延期施工等情况，造成建筑商的损失。最后，发包人提供的建设材料、建筑构配件和设备不符合强制性标准，建筑商可能因此顺延工程、停工等受到损害①。

其他侵害建筑商权益的形式还有：开发商与银行及其他债权人串通，在给付工程款前转让工程，妨害建筑商法定抵押权的行使。开发商挪用预售款，并未将其作为工程款使用，从而可能使建筑商在垫付了工程款后得不到偿还。开发商对部分工程负有建设中的检查义务（《合同法》第278条规定，隐蔽工程在隐蔽前开发商必须进行现场检查），因其不履行而造成建筑商的损失。

2. 行政机关行为对建筑商权益的侵害

建筑商权益所受侵害不仅来源于开发商，还来源于对预售进行宏观调控的政府和对房地产行业进行监管的行政机关。

首先是因房地产管理行政机关对房地产市场的调控和管理而受到的侵害。住房乃民生之本，政府对房地产市场进行了较多了干预和调控，制定了相关政策，这对规范预售行为有重要的作用。但是，房地产行业本应在市场经济条件下自主调节的，国家住房调控的政策如若过多过频，行政权力介入超过必要的限度，建筑商就有可能因政策的繁杂多变而无所适从，进而危害到其权益。

其次，因已经做出的行政行为无效或者被撤销而损害了建筑商的权益。国家对建筑业进行了严格的监管，对建设工程施工进行审查，同时对预售行为严格审查并对符合预售条件者颁发许可证。如若建设行政管理部门颁发预售许可证的行为违法或不当，如进行预售许可审查的时候未对开发商的申请进行实质审查，未实际到建设工程现场查看，或者未按照有关程序进行审查。当已取得了预售许可证被撤销或无效时，开发商作为行政许可相对人没有及时要求行政机关赔偿其依信赖利益遭受的损失，在建筑商已部分垫资的情况下，就极可能造成其权益的损失。

---

① 郭军：《房地产开发——法律适用与疑难解释》，中国法制出版社2008年版，第230页。

再者，因建设行政机关不当的行政监管和行政处罚而遭受的损失。根据《建筑法》①、《建设工程质量管理条例》②的相关规定，建设行政机关有权对工程建设中的行为进行监督管理，对违法行为进行行政处罚。若该行政监管行为超越了建设行政机关的权限，处罚程序不合法等，将极大地损害建筑商的权益。

3. 预售关系中的其他主体对建筑商可能造成的利益侵害

建筑商权益受到侵害还表现在其处在复杂的预售关系网中，其作为利害相关人与预售他方主体发生权益冲突时可能遭受的侵害。这主要存在于建筑商的法定抵押权与预购人权益的冲突、建筑商的法定抵押权与银行及其他债权人的一般抵押权之间的冲突。

建筑商与预购人的权益之所以会发生冲突，是因为开发商是建筑商和预购人公共的总债务人，开发商既负有向建筑商支付工程款的义务，也负有在工程竣工后向预购人交付预售商品房的义务。当开发商未按时向建筑商支付工程款时，建筑商便可申请对其建设工程行使法定抵押权，但若此时预购人已向开发商支付了部分或全部房款并且已经进行了对该商品房的预告登记，或者开发商已经将该商品房交付给预购人，建筑商的法定抵押权就和预购人权益发生了冲突，这时就有受损害的可能性。

建筑商的法定抵押权与银行及其他债权人权益之所以发生冲突，是因为通常预售商品房上会同时存在银行或其他债权人的意定抵押权。开发商多将预售商品房以在建工程的形式向银行或其他债权人设定抵押进行融资，银行或其他债权人据此享有对在建商品房的一般抵押权；或者预购人购买预售商品房时候办理了按揭贷款，银行或者其他债权人据此享有对该预售商品房的一般抵押权。这两种情况都可能造成建筑商无法获得全部的工程款，而损害其核心权益。

二、保护建筑商权益的现有措施之不力

首先是法律法规保护的不力。《民法通则》、《物权法》、《合同法》、《城市房地产管理法》、《建筑法》等法律，《城市房地产预售管理办法》、

① 《中华人民共和国建筑法》第64~80条。

② 《建设工程质量管理条例》第43~76条。

《城市房地产开发经营管理条例》、《建筑工程质量管理条例》等法规和规章，都对预售行为和预售中各方主体的权益进行了规定和保护。但是，直接针对建筑商权益进行规定和保护的法律条文，少之又少。《物权法》规定预告登记制度，防止开发商随意处分预售商品房的行为，主要是保护了预购人的权益；《建筑法》、《城市房地产开发经营管理条例》则主要是从对施工许可或者预售许可进行审查，对开发商违法行为的查处，进而通过对建筑业的管理而间接地保护建筑商的权益。

关于建设工程合同中的重要内容——合理工期的规定模糊。《建筑工程质量管理条例》规定了建设工程发包单位不得任意压缩合理工期①。条例中规定的“合理工期”，法律上没有一个明确的说法，而在实施工程过程中，开发商总是千方百计压缩工程。而建筑商为了接下工程，也违心地按照开发商的要求来决定不合理的工期。因此可能造成不能按时竣工，引发诉讼纠纷②。

至于作为建筑商核心权益的工程款问题，《合同法》第 286 条规定了建设工程承包人的法定抵押权，《城市房地产管理法》第 44 条第 2 款规定了：“商品房预售所得款项必须用于有关工程建设。”仅如此笼统的两条规定显然不够。房地产市场二十余年的发展中，预售款的使用俨然成为了当前商品房预售管理中最为薄弱的环节。部分房地产开发企业自有资金不足，但是在楼市红火的情况下盲目扩大规模，往往将预售款挪作其他项目所用，一旦发生资金周转困难，开发商难以为继的状况，开发商极可能卷款而逃。这不仅仅致使预购人的权益严重受损，建筑商的权益也是损失严重。遗憾的是，对应于《城市房地产管理法》中预售款专款专用的规定，全国性统一的商品房预售款专用具体监管制度至今尚未出台，只是规定了城市、县房地产管理部门应当制定对商品房预售款监管的有关规定③。没有更具体的实施细则，则在对预售款进行监管中缺乏必要的操作性；即使是各地制定了相应的实施细则，由于是地方性法规，只能在本地施行，那么也可能给开发商带来法律上的漏洞，开发商在监管不那么严格的地方就

---

① 《建筑工程质量管理条例》第 10 条。

② 程根球：《修炼：房地产律师策划实战》，法律出版社 2006 年版，第 154 页。

③ 《城市商品房预售管理办法》第 11 条。

可能更多地损害建筑商的权益。

其次是行政措施的不力。房地产行业往往是对地方财政税收贡献最多的行业，且房地产行业发展对地方 GDP 增长率贡献极高。房地产行业发展和地方经济这种紧密的联系，使得许多地方政府无论是进行对施工许可的审查还是进行预售许可审查，往往流于形式，不做实质审查，纵容开发商。或者“重许可，轻监督”，对开发商存在的违法违规行为疏于监管，不做处罚。真正有效实施的行政许可，有赖于对被许可人从事许可事项活动的有效监督，因为被许可人是否真正具备资格和能力，是否真正能从事被许可的事项，将来是否能履行法定义务，有待于被许可人真正开始从事被许可事项后的行为观察。如果没有监督检查，行政许可制度就失去了效用[①]。建设行政机关轻视对房地产开发行为的监管，实质也是放任了开发商。更有甚者，某些建设行政机关可能和开发商勾结，给不具有预售资格的开发商违法发放许可证。另一方面，建设行政机关也可能过多过频地参与到房地产行业中，过一段时间就出台政策，或者超越职权监管房地产行业，或者对建设工程项目内容做出各种干涉，搞得开发商和建筑商无所适从，又不敢拒绝，从而打击了建设施工的积极性。无论是行政机关消极的不作为还是超越限度的作为，行政权力的不当介入，必然带给房地产行业的伤害更大，影响范围更广。因为权力具有扩张的天然属性，其具有不断蚕食鲸吞其他领域的本能。按孟德斯鸠的话来说，“一切有权力的人都容易滥用权力，这是万古不易的一条经验。有权力的人使用权力一直到遇到有界限的地方才会休止”[②]。

再者，保护建筑商权益的社会意识淡薄。商品房预售模式下最受关注的是预购人的权益保护，不仅因为预购人处于明显弱势的地位，权益最容易受侵害，还因为这关系到作为广大潜在预购人的民众自己的切身利益。此外，由于预售按揭的普遍采用，银行等金融机构为房地产行业提供了数万亿的贷款，其权益可能受到来自开发商、预购人违约带来的损害，这不仅危害商业银行本身，更可能造成金融市场的动荡，故其权益也颇受社会和政府之关注。唯有建筑商，因其不俗的财力和物力而被传统观点认为是

① 何新华、胡文发：《建设与房地产法规》，同济大学出版社 2009 年版，第 77 页。

② ［法］孟德斯鸠：《论法的精神》（张雁深译），商务印书馆 1961 年版，第 154 页。

房地产开发中处于相对强势的一方主体，常因民众对其强势之成见以及诸权益主体间之博弈，其权益被技术性地忽视了，民众也鲜有在舆论媒体中看见对建筑商权益受到侵害的报道。而事实上并非建筑商权益很少受到侵害，每年建设工程索赔案件发生率并不低，有的案例还非常典型，如中建二局与河南裕达置业有限公司拖欠工程款纠纷上诉案①、中建三局一公司与上海农凯发展集团有限公司拖欠工程款案②，等等。即便建筑商胜诉，开发商却没有充足的资金予以赔偿，纵然是强制执行，建筑商不仅要经过旷日持久的等待造成讼累，最终还是可能得不到充分赔偿。

第三节　商品房预售模式下的建筑商权益保护机制之构建

一、预售关系各方主体交涉力之分析

通过对建筑商所受侵害的形式进行的分析，建筑商权益受侵害的直接原因就在于预售关系中各方主体的交涉力强弱存在差别，主要表现在以下三个方面：

第一是房地产开发中的信息不对称。信息不对称意味着当事人之间存在着信息量的差别。房地产开发中的利益冲突都伴随着信息收集、控制、交换和选择。按制度经济学的原理，房地产开发中所有信息处理过程都会引起房地产开发的成本和效益变化，影响开发各方以及社会整体利益得失。在此意义上，信息意味着利益。正如权利背后隐藏着利益，信息之争就是利益之争③。由于认识能力的有限性，收集信息能力的有限性和不同信息主体对信息做出的处理，现实社会中掌握完全信息事实上是不可能的。具体到房地产市场，尽管市场经济为建筑商提供了充分的信息，但是，预售各方主体因道德因素或非理性因素而造成信息扭曲、信息不对称

① 符启林：《房地产法实例点评》，法律出版社 2005 年版，第 100 ~ 141 页。

② 程根球：《修炼：房地产律师策划实战》，法律出版社 2006 年版，第 161 ~ 166 页。

③ 吴清旺、贺丹青：《房地产开发中的利益冲突与衡平》，法律出版社 2005 年版，第 38 页。

的情况还时有发生，如开发商利用自己的信息优势，故意隐瞒房地产开发中的真实情况，诱使建筑商做出错误判断等。

第二是制度变迁中路径选择带来的冲突。制度变迁始终与利益因素相伴，并通过不断的制度创新协调利益冲突，然而，制度创新并不能消除所有的利益冲突。因为体制改革的行为者信息获取的不完全、主观意志、意识形态等因素，不能确保改革模型及初始制度选择为最佳。而且，制度变迁一旦进入某种路径，无论是否最佳，在学习效应、协作效应和适应性预期等自我加强机制的作用下，不断得到自我强化，从而形成制度变迁的路径依赖。这种路径依赖导致两种相反的结果：如果初始制度的选择能够提高生产率并激励经济增长，则会形成大规模组织所产生的单位成本下降，进一步促进报酬递增和收入普遍增加，因而获得公众支持，并通过支持进行各种试验和反馈，使制度向更有效的方向发展，从而经济得到增长；如果制度框架提供相反的激励，不能对生产提供更多的激励，而只是更多的促进再分配等，在市场不完全和组织无效的条件下，则不仅会使生产活动的发展受阻，而且会产生一些既得利益集团。即使新的制度安排更有效率，这些既得利益集团也会阻碍进一步的制度创新，将既定的选择不断强化，从而使得制度变迁被锁定在一种无效率的路径上，造成经济的长期停滞①。作为制度变迁的房地产开发市场的市场化改革也是如此。现有的预售制度从最初由经济特区、沿海开放城市借鉴香港、澳门等地区的实践进行探索尝试，迅速扩展到其他内陆地区并为开发商广为应用，该制度已经稳定，且减缓了利益冲突的无序状态。但由于房地产改革初期的初始制度选择造就了一批既得利益者，改革中他们必然与其他利益主体发生冲突，而这些冲突最终会成为房地产开发制度改革的阻滞成本，成为制度创新的阻碍者，从而给预售制度完善和实施带来了阻力。

第三是“理性经济人”带来的权益冲突。法律经济学中关于人的行为最基本的假设为“人是理性地追求自我利益最大化”的经济人②。但人的理性是有限的，其有限性不仅表现在人的认识能力和计算能力方面以及人

---

① 艾建国：《中国城市土地制度经济问题研究》，华中师范大学出版社 2001 年版，第 66 页。

② 周林彬：《法律经济学：中国的理论与实践》，北京大学出版社 2008 年版，第 147～160 页。

的机会主义行为倾向，还表现在人的意识形态方面[①]。商品房预售模式下的各方主体不可能对所有市场因素充分了解和掌握，可能会出现欺诈、乘人之危、损人利己的行为，也可能因盲目开发、盲目接工程而导致双方利益严重失衡。更有甚者，对国家政策知晓时间的差异，对政策带给对自己行为预期影响的判断，都可能影响到预售主体对自己行为的选择，从而与他方主体权益产生冲突。开发商可以有效利用自己在房地产开发中的强势地位，要求建筑商垫资，或者对建设合同提出严苛要求，或者变更设计图纸等，建筑商为了获得预期的利益，将做出一系列的让步，最终还可能权益落空。

当然，除了直接原因外，建筑商权益受到侵害的根本原因还是在于土地资源以及附着于其上的商品房资源的稀缺性。从抽象意义上说，权益冲突源于欲望的无限性和用于满足欲望的资源有限性之间的矛盾无法调和。美国著名社会学家庞德曾生动地将此论述为："我们大家都需要地球，我们大家都有我们谋求满足的许多愿望和要求，……我们有那么多人，可是地球却只有一个。"[②] 预售商品房上凝结了众多主体的权益，每个主体都想要最大化地满足自己的权益，这必将带来自己权益的实现边界侵犯到他方主体的权益，他方主体也奋力满足自己的权益，最终冲突将不可避免。

二、保护方法和视角之选择

商品房预售制度为众多学者所关注，是因为该制度涉及了众多的主体和法律关系，选择一个适当的角度以期能够较完备地论述其中一个部分，显得很有必要。建筑商是在预售关系中不那么受人关注的主体，从权益的角度进行分析，可以将预售制度置身于各个主体结成的关系网中，以建筑商为中心去展开整个预售过程。而有权益就会有权益冲突，认识权益冲突旨在消解对立权益的紧张关系，使二者处于一种和谐状态。关注由冲突引起的各种紧张、对抗性的社会关系，正是法所要的解决的课题——实现利益的衡平[③]。

法学中所说的衡平既是手段，也是目标。权益衡平作为手段是围绕权

① 王文宇：《民商法理论与经济分析》，中国政法大学出版社 2002 年版，第 22 页。
② ［美］庞德：《通过法律的社会控制》（沈宗灵译），商务印书馆 1984 年版，第 35 页。
③ 顾培东：《社会冲突与诉讼机制》，四川人民出版社 1991 年版，第 18 页。

益建立相应的法律制度，以此来消解具有负面效应的冲突关系，包括消解权益冲突的权利确认制度和权利运行制度。权利确认制度是指通过法律权利确认以确定某权益是否应该受到保护，受到何种保护，权益保护的程度以及权益归属等各项法律规则，并运用这些规则来消解权益冲突。如在法律确认建筑商的某项权益是否应该受到保护的时候，首先要确定该权益是否正当，然后根据该权益的特点，确定由何种部门法保护，怎样保护。权益运行制度是指法律设置权利的取得和丧失、权利的行事方式和权利的救济的规则，以此解决主体间的权益侵害等权益冲突，保证各方主体行使权利过程中又不损害他方的权益，并对已经发生的权益侵害予以合理补救。

同时，权益衡平也是权益冲突得以消解的目标和理想状态。由于法律主体都具有趋利避害的本性，都追求自己的利益最大化，那么必然会发生权益冲突，所以完全满足所有主体的权益是不现实的。比较现实可行的做法是将权益冲突调节到现实社会能够承受并与社会整体所确认的主流价值相一致的范围内，最大限度地满足各方主体的需要，并与社会发展保持一致。换言之，权益衡平就是通过法律规范目的与限制某具体权利所造成的损失之间的比例进行考量，两相权衡后得大于失的状态。同时，由于围绕权利建立的权益衡平必然以实现法律价值为目标，权益衡平的实现程度也直接反映在法律价值的体现程度上。就财产法而言，效率价值是首要价值，同时效率和公平也是最容易失衡的。是故在财产权益衡平方面，多大程度上体现效率、公平目标的实现以及效率与公平之间的合理兼顾，是衡平得以实现的程度标准。

然而，具体到预售关系中权益冲突与衡平所蕴涵的实际内容，要将全部的权益冲突厘清，从哲学层面上看，几乎是不可能的，即便是仅从法律意义上对预售关系中建筑商所遇到的权益冲突作面面俱到的分析，也远非是某单一的部门法所能担当的。预售关系不仅仅为债权法、物权法所涉及，同时也是行政法调整的对象。故本书仅仅选取以建筑商为轴心的四组权益关系为研究对象。同时，由于现实中的预售关系往往是纵横交错，相互叠加，相互制约，相应的，选择规制其冲突的衡平机制也应该是多元化的：对建筑商有能力进行自我防范的要加强自力保护；对建筑商处于弱势地位时在民事法律上进行特别保护或者对其进行权利倾斜；对市场主体难以通过平等方式调节解决的冲突，发挥行政权力在调节中的优势，加大行政监管力度或采取其他行政措施。总而言之，即要充分发挥公私法相互配合对私有财产权的保护：一是公私法行为在效力上相互影响；二是法律责任形式上的相互衔接；三是在同一法律文件中规定对侵犯私有财产权的行为所应承担的私法与公法责任，形成一个完整的保护体系①。

三、建筑商与商品房预售模式下的他方主体权益冲突之规制

在商品房预售模式下的，建筑商的权益主要与开发商、预购人、银行及其他债权人、建设行政机关发生冲突。而既要保护其权益，又不能因过度的保护而损害他方主体的权益，就必须将建筑商的权益置于预售关系复杂的关系网中，再对各方主体权益加以协调。由于预售关系各方主体所处的地位有强势和弱势之分，那么在选择保护方法上也相应地有所区别。对建筑商有能力采取自我保护措施的情况，必须加强其自力保护；对仅依靠平等主体之间的自我调节不能达到良好效果的，或者用民法手段救济显得成本过高的情况，应当发挥行政监管的优势；对保护建筑商权益的法律法规不完善、规定太过于粗线条的情况，应当尽快完善和细化相应法律法规，使之更具有操作性。

1. 建筑商权益与开发商权益冲突的规制

建筑商与开发商权益的冲突主要是以建设工程承包合同为中心，以围绕建设工程的质量问题、设计变更和工程款等问题展开的一系列冲突。

（1）与开发商权益冲突中的自力保护及其完善

自力保护是指民事主体对自身权益所采取的保护措施，主要是依靠对相关事务和法律的熟悉来预防损害的发生或扩大，从而保护自身权益。这个概念不等于自力救济或者自助行为。所谓自力救济是指法律承认的权利人依靠自身力量排除侵害或者实现权利的行为，包括正当防卫和紧急避险这样的自卫行为以及自助行为。自助行为是权利人为了保护自己的权利，在来不及请求公力救济的情况下，对于他人的自由暂时加以拘束，对于他

① 石佑启：《私有财产权公法保护研究——宪法与行政法的视角》，北京大学出版社2007年版，第75页。

人的财产暂时予以扣押或者损毁的行为[①]。对自身权益的自力保护是建筑商权益机制中的基础环节，对防止其权益遭受侵害具有极佳的作用。特别是大型的建筑商，往往有能力在内部设置法务或者合规审查部门，亦可外请法律顾问，专业的法律人士将帮助建筑商保护权益。建筑商权益的自力保护主要体现在加强对建设工程承包合同的管理策略上。

首先是建设工程承包合同签订时的自力保护。建筑商在签约前一定要做好调查工作，查实发包方（预售商品房的开发商）的资信，以确保将来获得工程款；对于调查发现发包人存在拖欠工程款的情况，应慎重行事。特别是目前建筑施工行业竞争激烈的情况下，不能急于获得工程而签约，更不能轻易同意垫资进行工程建设。同时，要尽量争取有利于自身权益的条款。委托内部的法务部门或者外请的法律顾问与开发商进行谈判，起草合同和涉及合同条款的备忘录，或审查有关合同，明确自身的权利和义务，防止因疏忽而导致的约定不明，并且明确约定违约时承担的责任以及纠纷解决方法，防范缔约风险。

其次是建设工程承包合同履约过程中的自力保护。建筑商除了要履行好自身的合同义务外，还应对发包人的行为进行监督，防止受到其行为的侵害。督促发包人提供工程建设的图纸、建筑材料等，防止因发包人原因导致的工程进度缓慢。合同约定由建筑商提供建筑材料的，建筑商在履行合同的前提下，可要求开发商及时对建筑材料等进行验收并进行账目结算，避免竣工后的结算双方发生分歧。对因设计变更等开发商原因造成的工程量增大延误工期的情况要及时的签证。开工前，应当主动要求开发商申领施工许可证，防止因无施工许可证而影响工程承包合同的效力和工程施工的合法性，进而影响工程款的收取。开发商进行预售行为时，可要求查看开发商的预售许可证；每一阶段工程完工后，及时要求开发商给付施工进度款；若开发商拖延给付相关款项的，向预售款监管人请求督促开发商及时支付。在工程竣工后，建筑商应及时通知开发商验收，对于开发商验收合格的工程，应要求开发商及时结算，支付工程款。

再次是开发商违约时建筑商权益的自力保护。开发商违约的情况主要是擅自更改设计和拒付工程款，无论哪种，都将拖延工程进度，对建筑商

---

① 王利明：《民法学》，复旦大学出版社2004年版，第43~44页。

权益造成根本侵害。一旦违约发生，建筑商应当及时采取措施防止损失的扩大并要求开发商承担违约责任。对于擅自更改设计图纸的做法，建筑商应及时向开发商提出要求其改正，按照施工许可中提供的设计图施工。若发生开发商擅自使用预售款，挪用预售款的行为，建筑商应将此情况及时报告预售款监管人，并要求监管人及时制止其行为，追回被挪用的预售款。若发生开发商经营情况严重恶化，抽逃资金的情况，为了保证将来能够及时获得工程款，建筑商作为先履行合同一方当事人可以行使不安抗辩权，暂停施工行为并要求开发商提供担保。对于开发商的行为已经造成其损失的，建筑商应当及时与开发商商议损失赔偿办法，或者提起诉讼。

（2）与开发商权益冲突中的行政路径及其完善

第一，行政路径的原则设定。

根据大陆法系中私法和公法的分类，私法是调整私人领域内的事务，保护私人利益；而公法则是调整涉及公共利益的事务，保护的是公共利益。商品房预售关系中建筑商的权益是围绕建设工程合同而展开的，一般认为是受《合同法》等传统的私法调整。日本学者美浓部达吉认为私法与公法的最明显的差异在于：私法关系的当事人双方是以法律上的对等的意思力而对立，而公法的公定力是以国家意思有优越效力为前提的①。不过同时他也认为私法和公法并不是绝对对立的，而是存在相互融合的关系。公法与私法在很多时候是有联系的，单一的法律关系可能同时包含公法和私法的性质，单一的权利可能同时具有公权和私权的性质。由于社会的发展，为了公共利益的实现，也可以对私法上的所有权、使用权以及契约自由等进行公法上的限制。在此情况下，公法与私法的相互结合更有利于私法利益和公共利益的合理规范和保护②。随后的十几年中，国家强制逐步进入传统的私法领域，美浓部达吉关于私法与公法交织和嬗变的观点在后世获得越来越多的认同，财产权也开始被理解为应受社会性约束的权利③。

---

① ［日］美浓部达吉：《公法与私法》（黄冯明译），中国政法大学出版社 2003 年版，第 23～61 页。

② ［日］美浓部达吉：《公法与私法》（黄冯明译），中国政法大学出版社 2003 年版，第 72～99 页。

③ ［日］芦部信喜、高桥和之：《宪法》（第三版）（林来梵、凌维慈、龙绚丽译），北京大学出版社 2006 年版，第 203～205 页。

德国行政法也提出了“行政行为的连带效果”的观点[①]。而“民法与行政法的关系也随着现代社会福利国家的发展、政府职能的扩张而日益错综复杂。公权力除了传统上被认为是最大可能、最易侵害公民权利的因素外，更有力的是以国家作为依靠的公权力对于公民权利也能够提供更为全面的保护。行政法在传统的私法领域的影响日益扩大，行政权能的扩张及其行使方式的变化为财产权提供了更为全面的保护”[②]。因此，突破法律部门间恪守传统的限制，以权利为基点扩展其保护体系，是当前对财产权保护的发展方向。

目前房地产行业发展非常迅速，给开发商和建筑商带来了丰厚的经济利益，也吸引了更多的市场主体进入该行业。在房地产市场过热情况下，可能出现开发商盲目投资，建筑商盲目接工程项目的情况；可能出现开发商为了更多的经济利益挪用预售款用于建设其他项目，建筑商垫付大量资金施工等情况。一旦开发商资金周转不灵或者资金链断裂，将造成在建商品房“烂尾”，预购人、银行等债权人权益受损，也将使得大量垫资的建筑商血本无归，甚至因此破产，即出现了所谓的市场失灵[③]。而这些情况是仅依靠市场自身的力量所无力解决的。

尽管要求开发商保证预售款都使用在建设工程上，或者要求开发商赔偿损失等问题，可以通过当事人的自行协商或者普通的民法手段解决，但是与行政法手段相比，自行协商或民法手段在纠正这方面的市场失灵时显然成本更高，而行政法手段在解决该方面则占有优势[④]。更何况房地产行业的不健康，最终将威胁到民众的安居乐业和社会的和谐。正是由于严重涉及了公共利益，就需要国家通过经济、行政和法律等手段对市场失灵进

---

① 德国行政法中认为“行政行为的连带效果”是指行政法对私人之间关系的影响，其表现形式如下：一是行政行为可能是私法关系生效的要件；二是行政行为可能设立或者变更私法关系；三是行政行为或者行政法义务的履行可能排除私法的请求权；四是行政行为或者行政法规范可能具有保护第三人的效果或者禁止效果，因此成为民事赔偿责任或者不作为请求权的根据；五是有时存在建立私法关系的公法义务。参见［德］汉斯·J. 沃尔夫、奥托·巴霍夫、罗尔夫·施托贝尔：《行政法》（第一卷）（高家伟译），商务印书馆 2002 年版，第 212 ~ 214 页。

② 贺荣：《物权法与行政诉讼实务问题研究》，中国法制出版社 2008 年版，第 5 页。

③ ［英］凯恩斯：《就业、利息和货币通论》（宋韵声译），华夏出版社 2005 年版。市场失灵是指在市场价格机能完全的运作下，市场形态无法达到完全竞争状态；抑或即使是完全竞争市场，也不能使经济效率达到最高的现象。

④ 王克稳：《经济行政法基本论》，北京大学出版社 2005 年版，第 40 ~ 46 页。

行调控，市场失灵也就成了国家干预的理由。然而，行政权力对经济的干预并不是没有限度的，行政权力的无限扩张可能给经济带来灾难性的后果，故必须给行政权力对经济的干预划定界限，用法律的手段对政府干预经济的行政权力及其活动进行严格的规制，将这种行政权力严格地控制在法律范围之内。因此，要将行政权力引入到房地产行业中，要求国家对商品房预售市场进行监管，就必须对其监管权力设立必要的限度，确定基本的原则。这些基本的原则如下：

合法性原则。是指政府干预经济的一切活动都必须有法律明确的授权，都必须符合法律的规定和要求。具体来说，即干预权的来源合法。政府干预经济的一切权力都必须有明确的法律依据，无法律则无行政，凡是法律没有授权的领域，行政机关无权干预。干预权的运用和行使合法。行使干预权的主体必须是依法享有行政干预权的经济行政主体，并且干预权的行使必须遵循法律规定的程序。干预权的委托合法。当行政主体将某一方面的干预权委托其他的组织行使时，该委托权的行使必须符合法律的基本要求。

辅助性原则。“市场失灵”为政府干预经济提供了可能，但是，政府的干预容易产生垄断、腐败和无效率，因此，必须将政府对经济的干预控制在“市场失灵”的范围内，将市场对资源的配置放在首位，行政权力的介入永远处于辅助和补充的地位。“辅助性原则意味着，经济上的个人责任与协作优先于国家责任，私人企业的经营优于国家所有的经济活动……只有当私人经济没有能力有序高效地完成某一任务时，国家对经济的调控才作为最后手段或者说作为备用力量予以考虑”①。

比例原则。从法理的角度看，比例原则是处理法的价值利益冲突的方法之一，表现在公法领域就是协调处理法所蕴含的公权力维持的秩序价值与公民所享有的自由价值之间的冲突②。比例原则是行政法上一个重要的原则，要求对公民权利的限制或不利影响，只有在公共利益所必需的范围内，方得为之，并且政府实施行政权的手段与行政目的之间，应存在一定

① [德] 罗尔夫·斯特博：《德国经济行政法》（苏颖霞、陈少康译），中国政法大学出版社1999年版，第114页。

② 胡建淼：《论公法原则》，浙江大学出版社2005年版，第533页。

的比例关系。即行政权力的行使虽然是为了达到一定的行政目的所必须的，但给公民私人造成的不利益，不能超过行政目的所要求的价值和范围，必须限制在侵害私益最小的范围内[①]。

市场经济条件下，不是所有的市场失灵都需要政府的干预。行政权力的干预必须满足这种干预能够减少不合理的资源配置，矫治市场失灵的根源并且干预的潜在效益大于干预成本的前提。为了防止行政权力盲目干预、不当干预，必须确定比例原则[②]。

第二，具体行政路径之选择和适用。

建筑商权益保护的具体行政路径主要体现在建设行政机关对其权益的直接保护和间接保护两个方面。其中，直接保护是指直接针对建筑商的权益的保护，主要体现在对预售款的监管选择和适用上；间接保护是指通过对预售关系中他方主体行为的监督和管理，维护预售关系的正常和稳定，从而减少和防止建筑商权益受侵害的可能性，间接地保护建筑商的权益，这主要体现在建设行政机关对开发商的监管和对预售各环节的监管上。

其一，直接保护——对预售款的监管选择和适用。

《城市房地产管理法》明确规定了预售款必须用于工程建设。用于工程建设可以理解为用预售款购买工程所必需的建筑材料、建筑构配件和设备，用于支付建筑商的工程款等；在建筑商预先垫资的情况下，预售款也应当用于支付建筑商因购买建材等垫付的资金。因此，对预售款的监管是保证工程款得以支付的渠道。预售款的监管不仅可以保证工程进度，防止“烂尾楼”的出现，降低预购人和银行等债权人的风险，同时，也是对建筑商能够获得工程款的保护。实践中，各省对该方面的规定差异性较大，至今尚未有统一的预售款专用的具体监管制度出台。因此，要选择适合的预售款监管模式，必须首先考察国内已经实行的制度，总结其经验，分析其优势和劣势，并在此基础上结合国内实际进行优选，找到适合全国范围内适用的预售款监管模式。

从国内已有的预售款监管模式看，比较有代表性的做法主要有广州、济南和新疆的做法，以下分别予以介绍：

---

① 应松年：《当代中国行政法（上）》，中国方正出版社 2005 年版，第 95 页。

② 王克稳：《经济行政法基本论》，北京大学出版社 2005 年版，第 33 页。

首先是广州市的预售款监管模式。广州市于1999年在全国率先建立并实施了商品房预售款监督管理制度。其主要做法是：每个预售项目设立专用账户，在项目竣工之前，开发企业使用专用账户内的款项时须经政府主管部门核准，并且只能用于购买项目建设必需的建筑材料、设备和支付项目建设的施工进度款及法定税费，不得挪作他用。根据《广东省商品房预售管理条例》以及广州市房管局《关于商品房预售款监控账号问题的解释》的有关规定，广州市国土资源和房屋管理局下属的房地产中介管理所（内设广州市商品房预售款监督管理小组，下称监管小组）负责具体监管工作。广州市对商品房预售款实施监控，主要分四个步骤进行：建立监控账户、预售款收存、预售款使用、监控账户销户①。

房地产开发企业在申请商品房预售许可证前，应自行委托一家商业银行作为预售款的监管银行，设立预售款专用账户。预购人应该按照合同约定的付款时间，将商品房预售款直接存入商品房预售专用账户，凭银行出具的存款凭证，向开发商换领缴款收据。监管银行须配合监管小组做好预售款的监管工作，凡是在银行开设监控账号并申请办理按揭贷款的预售人，其预购人交付的首期款必须直接存入监控账号内，银行发放的按揭贷款也必须划入监控账号。

开发商申请划拨使用监控账号内的预售款时，须提供申请用款的相关合同，经监控银行审核并加署意见后，交广州市商品房预售款监管小组审核。对项目的施工进度、申请款项的用途符合《广东省商品房预售管理条例》规定的，监管小组则同意其使用预售款，对不同意使用的，书面说明其理由。监控银行必须凭借监管小组核准同意支付的数额拨付。未经预售款监管小组核准，监控银行不得擅自批准开发商使用监控账户内款项，否则，由上一级主管部门责令其改正并追回流失款项，给预购人造成损失的，依法承担连带责任。开发商违反《广东省商品房预售管理条例》规定的，主管部门可以降低或者注销其房地产开发资质，并可处以违法使用款项10%以上20%以下的罚款。预售商品房项目竣工验收合格后，经监管小组批准，可凭批准书到监控银行办理监控账户的销户手续，其监控账户内

① 广州市国土资源和房屋管理局：《广州市商品房预售款监督管理模式及效果》，《中国房地产》2009年第3期。

资金余额转入开发商其他账户使用。同时，监控小组不再对该项目进行监管。

为了保证开发商不将预售款挪作他用，广州市房管局采取了以下措施：一是加大商品房预售款监管的宣传力度；二是加强对预售市场的日常巡查，采用按项目施工进度拨付款项的原则来核准开发商使用预售款；三是健全信息化建设，加大预售管理信息的透明度①。特别是从2005年起，监管小组连同广州市所有商业银行推行商品房预（销）售网上登记备案和预售款全额监控系统，实现了《商品房买卖合同》网上即时签约和备案以及预售款网上实时监控。

此监管模式对行政机关监管职权和职责规定的较为详细，突出了对商品房预售进行管理的行政机关的作用，强调了行政手段的运用。在行政机关工作人员严格按照工作程序办理和监管的情况下，确实能够有效地监控预售款的使用。但也因为强调监管小组的职权和职责，监管小组承担了大量的、繁琐的监管工作：不仅必须对预售市场进行日常巡查，且每一笔划拨预售款的申请都必须要监管小组审核。试问在房地产市场红火的情况下，广州市每年会有多少房地产项目上马，那么监管小组承担的监管责任将是怎样的繁重。其次，开发商每次预售款的使用都必须到监控银行和监管小组审核一次，遇上银行和监管小组审核工作效率不高，又急需使用预售款的情况，开发商的负担会大大增加。再者，在这种监管措施中，监管小组是常设的临时机构，不具备民事责任资格，而银行作为协管方，同样不对监管失误承担民事责任。那么，对监管失误给预购人和开发商等造成的损失，都由房管局承担，这大大增加了其承担资金监管的直接风险和责任。

再介绍济南的预售款监管模式，其特色在于加入了担保公司，是一种通过市场行为来实现的监管，而不是作为市场行为直接参与者，避免了损害政府管理的权威性和公正性，也避免了政府承担资金监管的直接风险和无限责任②。根据《济南市商品房预售款监管实施细则》规定，从事预售款监管担保的担保公司应符合以下条件：一是依法注册、专业从事担保经

① 郑瑞琨等：《房地产交易》，北京大学出版社2007年版，第82～83页。

② 关学军：《“济南模式”管好了商品房预售款》，《城乡建设》2007年第11期。

营；二是有固定的经营场所；三是注册资本不少于5000万元；四是符合《中华人民共和国担保法》的相关要求；五是在预售款担保监管中，无不良记录；六是其他条件。从事监管的担保公司的资格由商品房预售款监管的主管部门市建设委员会负责审查。开发商应当开设商品房预售专用账户，委托开户行成为预售款的监管银行，并由开发商、监管银行和担保公司三方签订统一格式的《商品房预售款监管协议书》。开发商预售商品房时，应当向预购人提供由担保公司提供的预售款监管责任担保书，担保公司负责预售款的安全。在预售款监管期间，出现开发商未按规定使用预售款的情况，预购人有权要求担保公司承担担保责任。担保公司发现开发商有违规使用预售款的情况时，应聘请会计师事务所对项目的付款情况进行审计，并将审计结果抄报市建委。审计期间，开发商不得将预售款用于付款。

这种加入担保公司的模式主要是通过债权担保的形式来保障预购人的债权，并没有考虑到在预售款没有用于支付建筑材料或施工进度款，可能给建筑商带来损失的情况下，建筑商有无权利要求担保公司承担担保责任。

同时，商品房预售款监管涉及金融、法律、建筑等多个专业领域，是一个专业性非常强的监管制度。广州、济南两地的监管机构虽有所不同，但无论是政府部门还是金融机构，都存在监管机构组成人员专业性不强，专业力量不足，管理成本偏高等弊端。而新疆的预售款监管采取了更专业化的模式：采用了更加专业化的监管人，即有熟悉商品房开发这样的背景专业律师和公证员的介入，更容易掌握预售款的流向。根据《新疆维吾尔自治区商品房预售监管办法》（建议稿）的规定，该地区选择具备一定条件并经有关部门批准的律师事务所和公证机构作为监管人。具备以下条件的律师事务所和公证机构，可以向司法厅提出从事监管业务申请：一是有三名以上经过司法厅、建设厅或者司法厅、建设厅指定或委托的培训机构举办的专门业务培训并考核合格的律师或公证员；二是具有严格谨慎的工作制度；三是具有良好信誉，在过去两年内未受过纪律处分；四是具备一定的抗风险能力。经司法厅会同建设厅批准的律师事务所和公证机关，才能从事商品房预售款监管①。但是，这种模式还没有经受过实践的考验，

① 郑瑞琨等：《房地产交易》，北京大学出版社2007年版，第84页。

同时也没有更具体的规定对违反监管的开发商应当如何处罚，更没有涉及对建筑商的权益如何救济问题。

上述三种模式实际尚处于摸索实践阶段，怎样有效地提高该制度的科学性与可操作性，既实施监管又防止将行政权力过分地介入房地产开发中，是亟须思考的问题。反观作为最早采用预售制度的香港地区对预售款的处理方法，或许可为内地对预售款监管制度的构建带来一些思路。在香港，如果建筑商向银行等金融机构贷款，贷款人肯定会在契约中规定建筑商在用完自己的资本后，每阶段的建设工程竣工后须由负责监督建设工程的建筑师签署证明书，证实该期建筑工程应付费用，然后银行依照建筑师的证明书付款于承建商和物料供应商。在香港的款项监督制度中，处于核心地位的是建筑师的证明书，它是银行拨付款项的凭据①。需要说明的是，这里所说的建筑商相当于内地的建筑发包人（开发商），承建商相当于建筑承包人（建筑商）。此制度之优势在于其针对性更强，独立提供意见的建筑师提供的证明书更专业也更具可操作性。

在了解和分析各种监管模式的优势和劣势的基础上，如何选择适合全国统一适用的监管模式呢？首先要确认监管模式所必须满足的一些基本要求：一是要发挥行政机关或者受委托享有对商品房进行行政管理的机关在监管中的权威；二是要体现监管的专业化，要有充足的通晓房地产、法律和金融的专业人员；三是要控制监管的成本，提高监管的效率；四是要发挥预售款的功用，既要保护预购人的权益，也要保护建筑商的权益；五是监管必须适度，不可打压了开发商的积极性，过犹不及。据此，尝试建立这样的监管体系：开发商必须在商业银行开通预售款专用账户，银行与开发商约定划拨预售款时必须提供监管人审核同意的证明文件。建设行政机关委托具备一定条件的监理单位和律师事务所共同作为监管人，即对每一次预售款的监管工作必须同时有注册监理工程师和律师参与，共同出具同意使用预售款证明文件。开发商若擅自使用预售款的，监管人应责令其停止该行为，并请求建设行政机关予以相应的行政处罚。

在完成各阶段的建筑工程后，注册监理工程师和律师督促开发商将预售款用于给付建筑材料款和施工进度款等。同时，建设行政机关会同司法

① 李宗锷：《香港房地产法》，商务印书馆 1998 年版，第 24 页。

行政机关对监督人进行管理。监管人如与开发商勾结，将预售款用于其他事务的，监管人与开发商承担连带责任。申请从事预售款监管的监理单位和律师事务所必须向建设行政机关和司法行政机关提供以下证明：一是有三名以上的注册监理工程师或者三名以上的执业超过三年的专门从事房地产方面业务的律师；二是具有良好的信誉，在过去两年内没有违规违法行为；三是具备一定的抗风险能力。这种监管模式将具体的监督行为委托给了更具有建筑工程造价经验的监理工程师和通晓建筑法律的律师完成，专业性明显增强。同时，独立做出证明文件的是监理单位和律师事务所，也可避免开发商认为政府过多地干预了房地产行业而产生抵触情绪。至于建筑商的工程款，由于注册监理工程师和律师的督促职责，也可以比较及时地获得了。

与工程款监管模式相适应的，还有必要加强房地产行业、建筑行业的自律。市场经济的历史证明，市场离不开政府的干预，但只有政府的干预而没有行业、企业的参与是达不到干预效果的。特别是许多约束市场主体的行为规则最初都是由市场主体自发创设的。只有充分调动行业的积极性，将政府的干预与行业自律结合起来，这样的干预才最经济和富有成效。发达的市场经济国家就特别重视经济干预中行业和企业的参与，如德国的趋势就是“由国家的经济监督朝向私人的自我监督发展”[①]。在亚洲，韩国在预售商品房上采用了住宅保证株式会社保险制度，由开发商和建筑商组成建设业协会，并在该协会的指导下，建筑商出资设立“共济组合基金”，该基金保证了施工中建筑商受到开发商欺骗而面临停工时，通过基金的帮助将楼建成，然后再追究开发商的法律责任[②]。在中国，房地产行业协会是为保护房地产行业利益而存在的行业协会。该协会是从事房地产开发经营、市场交易、经纪中介、修建装饰、物业管理以及与房地产产业链有关的企事业单位、地方房地产业协会及有关个人自愿参加组成的全国性行业非营利性社会组织；是在中华人民共和国民政部注册登记的具有法人资格的社会团体，业务主管部门是中华人民共和国建设部[③]。那么，可

① 程明修：《德国经济行政法总论之发展现状》，《法学丛刊》1999 年第 3 期。

② 金珍庆：《商品房预售中的法律问题及其对策》，中国政法大学硕士论文，2001 年。

③ 中国房地产业协会网站，http：//www. chinacrea. org/2009-11-09，（2009 年 11 月 9 日）。

以考虑效仿韩国的做法，由房地产业协会牵头，开发商缴纳一定的费用设立基金会，以保证预售商品房能够竣工，并且保障建筑商能够及时拿到工程款。

其二，间接的行政保护。

行政机关对建筑业所进行的管理更多的是以保证建筑施工的安全和质量合格为目的，换个角度看，建设行政机关对建筑商权益的保护部分是通过对建筑业的管理间接进行的。

在预售制度中，建设行政机关对开发商将要进行的预售行为实行预售许可制度，实际就是通过这种制度对开发商是否具有国有土地使用证书、建设工程规划许可证、建设工程施工许可证、投资开发建设资金以及工程施工合同等情况进行考察。只有符合《城市房地产开发经营管理条例》第24条①和《城市商品房预售管理办法》第7条②规定的条件，建设行政机关才会发放预售许可证，同时也是为了避免建筑商因开发商的不当行为而造成的损失的一种行政保护。

在预售过程中，建设行政机关对建设施工中发包人（开发商）的违法违规行为进行查处，实际也是保护建筑商的权益。发包人若违反建筑法的规定，要求建筑商违反工程质量、安全标准或降低工程质量时，建设行政机关对发包人的这种行为进行查处，并责令其改正，可以保证建筑商能按照合同规定的质量标准进行施工，并使得工程能顺利竣工和验收合格，从而保护了建筑商获得工程款的权益。

在对预售商品房进行竣工验收中，建设工程质量监督机关的参与，既

---

① 《城市房地产开发经营管理条例》第24条：房地产开发企业申请办理商品房预售登记，应当提交下列文件：（一）本条例第二十三条第（一）项至第（三）项规定的证明材料（笔者按，第一项是土地使用权证书，第二项是建设工程规划许可证和施工许可证，第三项是规定按提供的预售商品房计算，投入开发建设的资金达到工程建设总投资的25%以上，并已确定施工进度和竣工交付日期）；（二）营业执照和资质等级证书；（三）工程施工合同；（四）预售商品房分层平面图；（五）商品房预售方案。

② 《城市商品房预售管理办法》第7条：开发企业申请预售许可，应当提交下列证件（复印件）及资料：（一）商品房预售许可申请表；（二）开发企业的《营业执照》和资质证书；（三）土地使用权证、建设工程规划许可证、施工许可证；（四）投入开发建设的资金占工程建设总投资的比例符合规定条件的证明；（五）工程施工合同及关于施工进度的说明；（六）商品房预售方案。预售方案应当说明预售商品房的位置、面积、竣工交付日期等内容，并应当附预售商品房分层平面图。

可以防止建筑商将不合格工程交付使用，又可以防止开发商对竣工工程进行不合理的挑剔和刁难，或者其他有可能影响建筑商权益的行为的发生，亦是对建筑商权益的一种间接的行政保护。

2. 建筑商权益与建设行政机关权力冲突的规制

现代法治理念认为权力行使应当以权利保障为基础，则行政法对行政权力的规范应当以对于财产权的保障为目的。因此“我们在这里关注的问题，与其说是政府行动的目标，不如说是政府行动的手段”[①]，即行政法对财产权的保护是如何进行的。这里着重强调的是本身以规制公法关系为目的的行政权的行使[②]。建设行政机关是运用法律赋予的行政权力对房地产市场进行监管和调控的行政机关，代表的是国家权力和背后的公共利益。由于所代表的利益的不同和行为的出发点不同，建设行政机关的监管和调控行为可能会对开发商的权益带来影响，而这种行政权力的滥用，则极可能造成开发商权益的损害。其具体表现在三个方面：因房地产管理行政机关超越限度地对房地产市场的调控和管理而受到的侵害；因建设行政机关已经做出的行政行为无效或者被撤销而造成的损害；因建设行政机关不当的行政监管和行政处罚而遭受的损失。

（1）建设行政机关对房地产市场进行调控和管理限度的规制

如前所述，市场之所以需要政府干预，是因为市场存在失灵现象。然而，市场失灵并不是政府干预的充分理由。市场需要政府的适度干预，但政府干预的结果绝不会是十全十美的，它的副作用是产生腐败、浪费、无效率或者低效率。一旦政府的干预失灵，不但起不到纠正市场失灵的作用，甚至可能将市场应有的效用都破坏干净[③]。为此，在处理政府和市场关系时，其准则应当是“用足市场，慎求政府”[④]。对于商品房预售市场来

① ［英］弗里德里希·冯·哈耶克：《自由秩序原理》（下册）（邓正来译），三联书店 1997 年版，第 9 页。

② 以行政权的行使分界，可以分为：行政权的行使本身以规制公法关系为目的和行政权的行使本身为规制私法关系为目的。前者通过对公权力的直接规范和调整为财产权提供保护，具体体现为以规范公法关系、发生公法效果为目标的行政法律制度。后者通过公权力对私法领域的介入和行政权能的扩张来为财产权提供保护，如德国行政法上所说的“行政行为的连带效果。”参见贺荣：《物权法与行政诉讼实务问题研究》，中国法制出版社 2008 年版，第 4 ~ 6 页。

③ 王克稳：《经济行政法基本论》，北京大学出版社 2005 年版，第 56 页。

④ 毛寿龙：《市场经济的制度基础：政府与市场的再思考》，《公共行政》2000 年第 2 期。

说，为维护其稳定，在市场泡沫大增，投资盲目的情况下，行政权力必要的介入是无可厚非的。但是，必须给这种行政权力作用的范围划定一定的界限，让其遵循一定的原则。其中主要是对合法性原则和合理性原则的具体运用以及必须遵循公益原则。合法性原则不仅仅要求只能由国务院、国务院各部委做出对房地产市场进行调控的行政决定，省级人民政府根据国务院的决定做出宏观调控的具体细则，而且要求这种宏观调控只能是为了公共利益而做出的，是为了维护预售市场的稳定和预售各方主体的权益。合理性原则是指行政机关在行使行政自由裁量权时，不仅应当在法律、法规规定的条件、种类、幅度范围内做出行政决定，而且要求这种决定符合立法目的。即行政行为的动机符合立法目的；行政行为应建立在正当考虑的基础上；行政行为的做出只应考虑相关因素[1]。故要求对商品房预售进行的调控不仅不能完全取代市场本身的调控作用，符合预售市场本身的规律，还要求这种调控必须有一定得稳定性，不能朝令夕改。因为从具体的预售行为看，一般都有一年以上较长的预售时间，若一次预售行为中出现几次不同的调控措施，开发商必定会因此采取不同的应对办法，其必然要求承包人（建筑商）加快或延缓工程进度、再垫资，甚至更改建设施工方案等，从而影响建筑商的权益。

这里具体要说的是公益原则。市场经济下的主体的活动是追求个人利益的最大化，如果市场活动不能使得个人受益，即使该活动有益于他人和社会，市场主体通常情况下也是不愿意做出该活动的。这就是市场经济条件下个人利益和社会利益的矛盾。而社会公共利益的维护和保障对个人的生存和发展又至关重要，因而需要在市场主体之外找一个公共利益的代表者，在现代社会，这个公共利益的代表者主要是由政府来充当的。是故社会公共利益的需要是政府存在的理由，是行政法上一切行政权合法存在和行使的基本目的。

公益是公共利益的简称，与该概念相似的用语有很多，比如大众福祉、社会福祉、公共福利、公众利益等。它是现代民主法治国家追求的目标，提升全社会的公共利益水平是人类社会发展的终极目标。公益原则就成为政府行政的必要原则。对预售市场的调控和监管目的在于促进其健康

① 胡建淼：《论公法原则》，浙江大学出版社2005年版，第228页。

发展，维护市场秩序，保护预售各方主体权益，因此也必须确立该原则。但是到目前为止还没有一个国家或没有一部具体的法律具体地确定了它的内涵。一般认为公益概念是一个典型的不确法律概念，对其论说相当的丰富[①]。比较有影响的对公益概念的论说有纽曼的“主观的公益”和“客观的公益”[②]；功利主义学派代表人物边沁的“最大多数人的最大幸福”[③]；博登海默的“不可超越外部界限”[④]；哈耶克的“抽象秩序”说[⑤]，等等。由于其概念的抽象性和使用的较大弹性，必须防止以“个人所设定的标准作为评价标准，恣意推行公益的判断，必然会导致法律秩序的混乱”[⑥]。同时因为“公共利益与公权力又是紧密联系在一起的，公共利益的无限扩大必然导致公权力的无限膨胀，这势必导致公权力滥用的危险性增加，进而公民权利受侵害的可能性扩大，要避免这种现象的发生，必须明确公共利益的边界，防止政府借公共利益之名，越权或滥用公权力随意克减和限制公民权利，造成政府与公民之间的关系紧张[⑦]。为防止“泛公益化”而滋生公权力的腐败，进而不仅损害私人利益而且妨碍公共利益的实现，需要具体从受益主体的范围、利益的长远性、利益的正当性等确定公共利益的范围[⑧]。根据前述对调控预售市场目的的解析，可以对预售制度的公益原则界定如下：非为稳定预售市场、保护预售主体各方权益之目的，任何享有相应职权的行政机关不得对预售市场进行干预。

除了确立相应的原则以外，给予对预售市场进行调控和管理的行为划

---

① 胡建森：《论公法原则》，浙江大学出版社 2005 年版，第 566 页。

② 陈新民：《德国公法学基础理论》，山东大学出版社 2001 年版，第 185 页。

③ ［英］边沁：《道德与立法原理导论》（时殷弘译），商务印书馆 2000 年版，第 58 页。

④ ［美］E. 博登海默：《法理学：法律哲学与法律方法》（邓正来译），中国政法大学出版社 1998 年版，第 298 页。

⑤ ［英］弗里德里希·冯·哈耶克：《自由秩序原理》（下册）（邓正来译），三联书店 1997 年版，第 32 页。

⑥ 胡建森：《论公法原则》，浙江大学出版社 2005 年版，第 564 页。

⑦ 石佑启：《私有财产权公法保护研究——宪法与行政法的视角》，北京大学出版社 2007 年版，第 134 页。

⑧ 受益主体的范围要求公共利益具有利益归属的公共性；利益的长远性要求公共利益协调的不仅是当前社会中的各种利益冲突，更要考虑经济发展与生态环境、文化价值间的权衡；利益的正当性要求公共利益的界定符合社会公认的基本价值判断，实现公共利益的途径和方法也必须是采取正当、合理的方式，目的的高尚并不能自证手段的合理。参见周林彬：《法律经济学：中国的理论与实践》，北京大学出版社 2008 年版，第 365～374 页。

定界限还必须将调控和管理行为和相应的经济利益相分离。政府要真正成为公共利益的代表者，要使一切权力的运用和行使真正符合社会公共利益，就必须确立一个前提，那就是政府除了社会的公共利益外，没有其他利益因素特别是不能有政府自身特殊利益的存在。房地产行业的兴旺往往意味着地方经济的发展迅速，为地方政府的业绩增光出彩。因此，政府或者其行政部门有可能为了快速的发展地方经济或者其他经济利益，不仅鼓励开发商大量的房地产开发行为，还可能纵容开发商的行为，甚至动用行政权力，与开发商勾结，要求建筑商为开发商垫资进行施工，即所谓的政府过度管制造成的权力寻租利益[①]。若不斩断这种权力和利益的联结，也很难抑制行政权力对预售市场的恶性干预。解决这种联接涉及多方面的问题，如政府机构的改革和精简，行政法律责任的健全和完善等[②]。这里主要是应当提高对预售市场的调控层级，杜绝有直接利益的部门对预售做出调控决定，将对预售市场做出调控的行政机关限制在省部级及以上，保证调控的质量。

（2）对建设行政机关已经做出的跟预售有关的行政行为无效或者被撤销时的处理

预售制度中涉及许多需要建设行政机关做出具体行政行为的方面，如预售许可以及预售许可之前的建设规划许可、建设施工许可等。如若建设行政机关在做出上述许可的过程中不按照许可的程序对开发商的相关条件进行审查，或者因开发商的贿赂行为而违法发放许可证，最终造成该行政许可行为违法，而使得许可行为无效或被撤销时，不仅使开发商的权益受到影响，也必然给受到牵连的建筑商的权益造成损害。

这时候将如何保护建筑商的权益？首先要确定的是建筑商能否要求建设行政机关为上述行为做出补偿。预售许可证、建设规划许可证和建设施工许可证申请的主体都是开发商，只是在不同的申请时所使用的称谓不同，申请预售许可证的时候叫做开发商，申请建设规划许可证和建设施工许可证的时候叫做建设单位。因此，开发商肯定是建设行政机关做出上述

① 权力寻租，一般指政府的各级官员或企业的高层领导利用手中的权力，避开各种控制、法规、审查，从而达到寻求或维护既得利益的一种活动。

② 王克稳：《经济行政法基本论》，北京大学出版社2005年版，第77页。

具体行政行为的行政相对人，可以作为行政诉讼的原告要求建设行政机关补偿。建筑商并不是上述具体行政行为的行政相对人，但是，并不因此而排除其权益受到损害时请求建设行政机关补偿的权利。根据《行政诉讼法》及最高人民法院相关《解释》的规定[①]，行政诉讼中的原告，是指认为具体行政行为侵犯其合法权益，以自己的名义提起诉讼，从而引起诉讼程序发生的公民、法人或者其他组织。其中被诉具体行政行为与起诉之人的合法权益存在利害关系，这种利害关系并不仅仅是直接利害关系。只要具体行政行为对起诉之人的权利产生实际影响，不论法律后果是直接的还是间接的，该提起诉讼之人都具有行政诉讼法上的原告资格[②]。建筑商请求建设行政机关补偿属于最高人民法院的《解释》中列举的有利害关系的几种情形的一种，即“公民、法人或者其他组织与撤销或者变更具体行政行为有法律上的利害关系的”。故其在建设行政机关已经做出的跟预售有关的行政行为无效或者被撤销时，可以以自己的名义要求相应的补偿。

与此同时，就必须确立信赖保护原则。所谓信赖保护原则，其主要适用于对授益行政行为[③]的撤销（或废止）方面。即公民或组织（行政相对人）因此类行政行为而获得利益，已经撤销将会受到损害，故行政机关在撤销该授益行政行为时，应考虑补偿行政相对人信赖该行政行为有效存续而获得的利益（或者不予撤销）[④]。预售许可以及之前的建设规划许可和建设施工许可都是授益行政行为。开发商在取得这些许可后，其对商品房的施工和预售都是经国家批准的合法行为。建筑商也因为开发商有相应的许可而可以安心地进行施工，并不用担心其权益在建设工程过程中会因此而遭遇到损失。但是，如果该许可被撤销，建筑商的施工就不能再继续进行，特别是在其已经为建筑材料垫资的情况下，其权益必将受到影响。确立信赖保护原则，建筑商作为利害关系人就可以因该许可行为被撤销而得到补偿，至少可以使得其已经投入的资金可以部分的收回。

---

① 《中华人民共和国行政诉讼法》第 24 条，《最高人民法院关于执行〈中华人民共和国行政诉讼法〉若干问题的解释》第 11 ~ 18 条。

② 杨解君：《行政诉讼法学》，方正出版社 2002 年版，第 131 ~ 133 页。

③ 授益行政行为，即授予行政相对人以一定的权利或利益、或者免除其义务，是相对于负担行政行为而言的。

④ 杨解君：《行政法学》（第二版），中国方正出版社 2004 年版，第 76 ~ 77 页。

(3) 对预售中建筑商因建设行政机关违法或严重不当的行政监管和行政处罚而遭受的损失情况的处理

预售中违法的行政监管和行政处罚，主要侵害的都是与财产有关的权利，如未经年检就对建筑商的资质进行降级，违法吊销预售许可证，违法强制拆除已建工程等。若是直接针对建筑商做出的，建筑商有权依据《国家赔偿法》的规定，作为该具体行政行为的相对人，提出行政诉讼，要求有关的行政机关赔偿。即便该具体行政行为是直接针对开发商做出的，但是损害了建筑商的权益，建筑商可以作为利害关系人，以自己的名义提起行政诉讼，要求该行政机关进行赔偿。其赔偿标准虽然是抚慰性标准[①]，而不是对受害人进行充分的赔偿，如只赔偿建筑商在停产停业期间必要的经常性费用支出，但毕竟可以挽回建筑商部分的财产损失。同时，随着中国经济的发展和综合国力的提高，国家赔偿制度的改革应对受害人采用补偿性原则，提高国家赔偿的计算标准，使受害人的损失得到充分的赔偿[②]。到那时候，建筑商因建设行政机关的违法行政行为受到侵害时，其财产权益将得到更充分的赔偿。

3. 建筑商的法定抵押权与预购人权益冲突的规制

在预售关系中，开发商作为建筑商和预购人的共同债务人，既负有向建筑商支付工程款的义务，又负有向预购人在竣工后交付已预售的商品房的义务。当开发商未按约支付工程款，建筑商便可向法院申请对其建设的商品房行使法定抵押权，若此时预购人已向开发商分期付款或付清了全部房款，并已经进行了预告登记[③]，此时建筑商和预购人的权益就可能发生冲突。

对建筑商的法定抵押权与预购人权益之间的冲突进行规制，就是要通过法律的相关规定来确定两个权利的顺序和优先等级。就现行的法律规定

---

① 抚慰性标准是指赔偿额以抚慰受害人为目的而不是赔偿受害人的全部损失，即侵害人不是对受害人的全部损失作充分的赔偿，而只能在全部损失范围内尽可能赔偿受害人的损失，以示抚慰。

② 刘嗣元、石佑启：《国家赔偿法要论》，北京大学出版社 2005 年版，第 93 ~ 94 页。

③ 预告登记，是指为了保全以将来发生的不动产物权变动为内容的请求权，而以该请求权为对象的登记。参见孙宪忠：《中国物权法：原理释义和立法解读》，经济管理出版社 2008 年版，第 140 页。

来看，建筑商的法定抵押权是依法律的特别规定而成立，且并非以登记作为成立要件，同时，正因为其不经登记而成立，其对外也没有以登记作为公示，这使得外人无法知悉具体的在建商品房上是否存在建筑商的法定抵押权。

而预购人的预售合同，按照《物权法》第20条的规定，为保障将来实现对预售商品房的所有权，其一旦办理了预告登记，则其对所购的预售商品房的权利是具有公信力的权利，即未经预告登记的权利人同意，处分该不动产的，不发生物权效力①。因为预告登记是一项关于不动产物权的请求权（一般情况下是一项债权）的登记，其目的是在于将对权利人期待将来发生的对自己有极为重要的意义的物权变动的请求权，因其具有法律应当优先保护的性质，通过预告登记，赋予该请求权以物权的效力。故预告登记效力属于物权性质，纳入登记的请求权具有排他效力，即保全效力，同时还保全了请求权人取得权利的有利顺位，使得其请求权具有排斥后续登记权利的效力②。在预售关系中，预购人购买预售的商品房，因涉及住房权这种生存权即基本人权，故在法律上承认买受人获得指定的房屋的权利有特殊保护的必要，即需通过预告登记的形式，排除违背预告登记内容的处分行为，保证预购人将来获得制定的房屋。这种预告登记具有“意定性”，即预告登记的原因行为来源于当事人在合同中的约定。

一般认为，依据法律规定直接设立的物权要优先于意定设立的物权。但若一律认为建筑商的法定抵押权优先于预购人对预购商品房的权利，则不利于同是作为弱势一方的预购人的生存权益的保护，更何况预购人对建筑商的法定抵押权的存在通常是善意的、未知的。相反的，若一律认为预购人对所购的预售商品房的权利优先于建筑商的法定抵押权，则将使得建筑商的法定抵押权失去存在的意义。

因此，在规制这两种权利冲突时必须确定一定的原则，即“时间在先，权利在先”，以成立时间的先后顺序确定其优先顺序。但若预购人已经付清了全部价款，法律应当倾向于保护善意的预购人的权益，即预购人权益优先于建筑商的法定抵押权，建筑商再对该商品房价款享有优先受偿

① 《中华人民共和国物权法》第20条。

② 孙宪忠：《中国物权法：原理释义和立法解读》，经济管理出版社2008年版，第140~142页。

权，这可以看做是建筑商的法定抵押权的物上代位性的体现[①]。这也是符合最高人民法院《关于建设工程价款优先受偿权问题的批复》规定的：消费者交付购买商品房的全部或大部分款项后，承包人就该商品房享有的工程价款优先受偿权不得对抗买受人[②]。

实际上，更好的解决这个冲突的办法是对建筑商的法定抵押权实行登记，以权利登记时间来确定权利优先顺序。建筑商的法定抵押权进行了登记，具有了公示效力，使得预购人可以知晓建筑商是否在特定的预售商品房上存在法定抵押权。这也要求预购人在与开发商签订预售合同时候应查看预售商品房项目上是否存在建筑商的法定抵押权，并及时进行登记，以保护自身的权益。预购人在发现预售商品房存在建筑商的法定抵押权的时候，可以选择不购买该商品房，也可以通过合同约定必须将商品房的预售款用于建筑材料和支付建筑商工程款，减少了建筑商行使法定抵押权的可能。当然，对预售款的监管仅仅依靠预购人的合同约定效果是不会好的，故法律应当规定由具体的建设行政机关进行监管，这在前面已经做出了详尽的论述。

4. 建筑商权益与银行及其他债权人权益冲突的规制

由于商品房开发耗资巨大，建设周期较长，故通常一个预售商品房项目上可能同时存在建筑商的法定抵押权和其他主体的意定抵押权。其中的意定抵押权主要是开发商将预售商品房以在建工程的形式向银行或其他债权人设定抵押进行融资，银行或其他债权人所享有的对该预售商品房的一般抵押权。由于建筑商与银行或其他债权人在此情况下的主债务人都是开发商，若开发商到期不能偿还银行或其他债权人的贷款，或开发商在工程竣工验收后不能足额向建筑商支付工程款，银行或其他债权人和建筑商都将对该预售商品房项目主张抵押权的行使，无论是哪一方主张行使抵押权，都将引起抵押权的冲突。因此，对冲突进行法律规制，即是通过法律的规定确定法定抵押权与银行和其他债权人享有的意定抵押权的实现顺位和内容，以避免冲突和化解冲突。

按照民法理论“成立在先，权利在先”，即依照权利成立的先后顺序

① 符启林：《商品房预售法律制度研究》，中国政法大学出版社 2002 年版，第 287～290 页。

② 《关于建设工程价款优先受偿权问题的批复》第 2 条。

确定建筑商的法定抵押权优先于银行或其他债权人的意定抵押权看似符合法理。但是，由于建筑商的法定抵押权不依登记而成立，并不具有公示效力，银行或其他债权人很难知晓该法定抵押权的存在，况且一般来说建设工程承包合同成立于银行或其他债权人的抵押合同之前，对银行或其他债权人来说有失公平。故认为将建筑商的法定抵押权进行登记，以登记作为对抗效力，依登记的先后顺序确定权利实现的先后顺序比较合理。同时，由于建筑商的法定抵押权所包含的抵押物的范围和银行或其他债权人的抵押权所包含的抵押物的范围并不是完全重叠的，建筑商的法定抵押权的抵押物范围仅限于所承包的建设工程，而银行或其他债权人抵押权的标的物一般还包括建设工程所在的土地使用权，故必须在规制两种权益冲突的时候将两种抵押权所包含的抵押物的范围进行区分。

然而，解决建筑商的法定抵押权与抵押权相关的权益冲突的还有别的路径。符启林先生指出，以平衡（承包商）建筑商与其他抵押权人的权益为目的，法律可以规定承包商垫资进行预售商品房建设的，双方应当就预期垫资款额进行强制公示性的登记，该登记款额为承包商行使建筑工程价款优先受偿权的最高限额。如果实际发生的垫资款少于该登记款额，则以实际发生的垫资额为优先受偿权的范围。对于该范围内的优先受偿权应当优先于抵押权和其他债权实现，而不论其发生的时间先后①。这样规定既使得银行对即将的贷款有了一个可评估的稳定预期，并在一定程度上限制了开发商与建筑商之间的合谋发生，同时在一定程度上保护了建筑商的权益。

四、多元化的权益衡平

商品房预售模式下的建筑商处于复杂的关系网中，涉及的权益冲突也是多样化的。就其权益失衡的现实来看，一方面是由于法律在确定其权利时本身存在缺陷，即形成所谓的立法意义上的权益失衡；另一方面，是因为建筑商与他方主体在商品房预售过程中自身能力的差异性，从而在信息获取、经济实力等方面力量悬殊，即所谓的先天性的权益失衡；还有的则是因为在商品房预售过程中主观失误、缺乏经验等自力保护不济而造成的

① 符启林：《商品房预售中与抵押权相关的权益冲突及其立法完善》，载《河南省政法管理干部学院学报》，2005 年第 5 期。

权益失衡。因此，针对不同的权益失衡原因，应设计不同的、多元化的权益衡平机制。在建筑商与他方主体的权益冲突规制中分别讨论了建筑商应该采取自力保护和行政保护的具体措施。除此之外，建筑商权益保护还应采取司法保护以及完善相应的法律法规。

首先是司法保护。预售过程涉及主体较多，相互间的法律关系复杂，建筑商的权益受到侵害，有时候是仅仅依靠自力保护和行政保护所不足以维护的，有时甚至无法求助于行政保护，此时，建筑商能寻求的更好的保护就是司法保护。可以说，司法保护是建筑商权益保护的最后一道屏障。司法保护包括公证保护、仲裁保护以及诉讼保护。这里主要谈论建筑商权益的公证保护。

公证是指公证申请人向公证机关提出申请后，由公证机关依照特定程序在对其申请和欲公证的文书和活动进行查证后，对公证申请人申请公证的文书或活动的真实性、合法性予以证明，并赋予其法定效力的非诉讼性质的司法活动，公证具有预防性的作用[①]。商品房预售关系复杂，发生权益纠纷时对各方主体的权利、义务、责任的界定往往举证困难且费时费力。商品房预售各方主体可以通过申请，要求公证机关对预售中的各种合同如商品房预售合同、抵押贷款合同等进行公证，并在公证机关查证后作出公证证明。由于经公证的证据的证明力较其他证据要强，一旦发生纠纷各方主体的权利和义务已经有公证证明予以确认，便于在仲裁或诉讼中更好地维护其权益。但公证是必须经申请人申请才能够进行的司法活动，如果建筑商不主动寻求公证这一司法保护，并不能发挥公证的保护作用。这和中国公证制度实施中存在的问题，如尚未将公证作为一种法律服务的观念深入人心有关[②]。

在中国公证制度的改革和完善中，需要充分发挥公证的职能作用，公证制度应在现有法律服务功能和不完全的准司法功能的基础上发挥经济监管功能，将不动产交易等重要事项纳入法定公证的范围，使其具有一定的经济调控能力[③]。对于商品房预售来说，需要借鉴国外已有的经验，德国、

① 谭世贵：《中国司法制度》，法律出版社 2005 年版，第 376 ~ 382 页。

② 孙艳辉：《物权法视野中的公证制度之完善》，《中国公证》2007 年第 3 期。

③ 宫晓冰：《中国公证制度的完善》，《法学研究》2003 年第 5 期。

法国、西班牙等国在《公证法》中规定"先证明后登记"，对包括房屋预售合同在内的房地产合同采用强制公证制度，否则该类合同不发生法律效力，房屋产权登记部门不予登记①。这样规定的好处在于稳定商品房预售模式下的法律关系，避免发生争议，保护预售各方主体的合法权益，进而保障社会经济秩序的稳定和社会的和谐。中国可以在公证制度改革中，将包括建设工程合同、房屋预售合同以及有关的抵押贷款合同等的房地产的流通活动纳入强制公证的范围。借鉴法国公证人参与不动产建设（如参与谈判、对价格进行监控）的立法经验，允许公证处对房屋预售当中的法律问题，向当事人提供咨询服务，参与预售活动；公证处还可以在一定情况下对预售款进行提存，避免开发商将其挪作他用；再如公证处参与预售房屋的拍卖，根据当事人的申请，采取证据保全措施，对房屋买卖双方进行调解，等等②。就我国现阶段而言，虽还未规定商品房预售等合同的强制公证，但是合同当事人可以在订立合同时将公证作为合同生效条件订入合同，主动及时地申请公证，充分发挥公证的司法保护作用。当然，这还有待于商品房预售各方主体法律意识的提高。同时，也有待于中国公证制度的改革，改变现有的按标的额收取公证费用的模式，改用按件收费，以促使公证发挥其效用。

其次，还必须完善保护建筑商权益的法律法规。完善相关的法律法规，是建筑商权益的自力保护、行政保护和司法保护的前提。目前，与建筑商权益保护有关的法律主要有《民法通则》、《物权法》、《合同法》、《城市房地产管理法》、《建筑法》等法律，《城市房地产预售管理办法》、《城市房地产开发经营管理条例》等法规和规章。《民法通则》、《物权法》、《合同法》等民事法律对建筑商权益的规定主要是关于建筑商的法定抵押权的，但这些法律对法定抵押权的规定仅局限于该抵押权的实现，而对该抵押权的成立条件、是否应该登记以及该法定抵押权的受偿顺序都没有明确的规定，既无法实现对建筑商权益的充分保护，也容易引起司法实践活动过程中的混乱。因此，在今后的法律修改时应当对建筑商的法定抵押权的成立时间、受偿顺序做出明确的规定。由于法定抵押权的抵押标的

① 叶自强：《现代公证制度应用研究》，中国民主与法制出版社 1996 年版，第 159～161 页。

② 王福华：《商品房预售风险的公证预防》，《河北法学》1999 年第 1 期。

物是在建商品房，商品房竣工验收后法定抵押权的标的物才正式存在，所以可以利用《物权法》中的预告登记制度，要求建筑商在签订建设工程承包合同之后直至建设工程竣工之时，对其法定抵押权进行预告登记，保留登记顺位并按照登记顺位受偿，这样就可以最大限度地避免和减少与预购人和银行等债权人权益的冲突。

《城市房地产管理法》、《城市房地产预售管理办法》、《城市房地产开发经营管理条例》主要是对预售关系做出的规定和调整，但是，直接针对建筑商权益保护的条款少之又少，特别是对建筑商核心权益的工程款问题，只是通过对预售款专款专用这样一句原则的规定来表述，更没有具体的实施细则，使得在对预售款进行监管中缺乏必要的可操作性。即使是各地制定了相应的实施细则，由于是地方性法规，只能在本地施行，那么也可能给开发商带来法律的漏洞，开发商在监管不那么严格的地方就可能更多地损害建筑商的权益。因此，可以通过制定行政法规，在总结内地已经实行的预售款监管模式的经验和教训，以及借鉴其他地区和国家成功的预售款监管经验的前提下，规定全国统一适用的预售款的监管模式。这样对规范预售市场秩序，避免各地的地方法规宽严不一带来的法律漏洞将有比较好的效果。

针对《建筑工程质量管理条例》中对“合理工期”规定模糊的情况，为了维护建筑商的权益，保证工程质量，应当对其进行解释，既要防止开发商不合理的压缩工期，又要防止建筑商怠工。如可以规定在第三方如工程监理单位的主持下，开发商和建筑商参与讨论以确定工期。

另一方面，在建筑商权益遭受侵害后提起民事诉讼、或仲裁、或者行政诉讼并取得生效仲裁裁决或判决后，生效判决或仲裁能否及时获得败诉方（此时为侵害建筑商权益的当事人，多为开发商或者建设行政机关）的履行，以及如何保障建筑商能够尽快获得强制执行，关系到建筑商受损害的权益能否真正得到补偿，这对建筑商权益的保护也是至关重要的。司法实践中败诉方拒绝执行生效判决或仲裁裁决的情况并不少见，也进一步侵害了建筑商的权益。因此，应当明确法院依法对遭败诉方拒绝执行的生效判决和裁决予以强制执行，只有这样，才能最终保护建筑商的权益。当然，这涉及民事诉讼法、行政诉讼法和国家赔偿法的相关内容，这里就不做详细论述了。

参考文献

一、著作类

1. 顾培东：《社会冲突与诉讼机制》，四川人民出版社 1991 年版。

2. 李曙峰：《担保与抵押》，三联书店香港有限公司 1994 年版。

3. 何美欢：《香港担保法》（上），北京大学出版社 1995 年版。

4. 叶自强：《现代公证制度应用研究》，中国民主与法制出版社 1996 年版。

5. 李宗锷：《香港房地产法》，商务印书馆 1997 年版。

6. 孙宪忠：《德国当代物权法》，法律出版社 1997 年版。

7. 张文龙：《民法物权实务研究》，（台南）翰林出版社 1997 年版。

8. 王利明、方流芳、郭明瑞：《民法新论》（上、下），中国政法大学出版社 1998 年版。

9. 肖厚国、孙鹏：《担保法律制度研究》，法律出版社 1998 年版。

10. 汪利娜：《美国住宅金融体制研究》，中国金融出版社 1999 年版。

11. 梁慧星：《中国物权法草案建议稿——条文、说明、理由与参与立法例》，社会科学文献出版社 2000 年版。

12. 史尚宽：《债法总论》，中国政法大学出版社 2000 年版。

13. 王红亮：《承揽合同——建设工程合同》，中国法制出版社 2000 年版。

14. 王闯：《让与担保法律制度研究》，法律出版社 2000 年版。

15. 罗豪才：《行政法学》，北京大学出版社 2001 年版。

16. 王轶：《物权变动论》，中国人民大学出版社 2001 年版。

17. 陈华彬：《物权法研究》，金桥文化出版社有限公司 2001 版。

18. 王泽鉴：《民法物权（一）通则·所有权》，中国政法大学出版社

2001 年版。

19. 王泽鉴:《民法物权（二）用益物权·占有》，中国政法大学出版社 2001 年版。

20. 陈新民:《德国公法学基础理论》，山东大学出版社 2001 年版。

21. 艾建国:《中国城市土地制度经济问题研究》，华中师范大学出版社 2001 年版。

22. 应松年、袁曙宏:《走向法治政府：依法行政理论研究与实证调查》，法律出版社 2001 年版。

23. 余能斌:《现代物权法专论》，法律出版社 2002 年版。

24. 刘得宽:《民法诸问题与新展望》，中国政法大学出版社 2002 年版。

25. 王利明:《物权法研究》，中国政法大学出版社 2002 年版。

26. 王利明:《合同法研究》，中国人民大学出版社 2002 年版。

27. 魏振瀛:《民法》，北京大学出版社 2002 年版。

28. 杨解君:《行政法学》，中国方正出版社 2002 年版。

29. 符启林:《商品房预售法律制度研究》，中国政法大学出版社 2002 年版。

30. 杨慎:《房地产与国民经济》，中国建筑工业出版社 2002 年版。

31. 胡彬:《制度变迁中的中国房地产业——理论分析与政策评价》，上海财经大学出版社 2002 年版。

32. 王文宇:《民商法理论与经济分析》，中国政法大学出版社 2002 年版。

33. 高富平、黄武双:《房地产法新论》，中国法制出版社 2002 年版。

34. 唐烈英:《中国物权法理论研究》，四川人民出版社 2002 年版。

35. 王利明:《物权法论》，中国政法大学出版社 2003 年版。

36. 孙宪忠:《中国物权法总论》，法律出版社 2003 年版。

37. 陈耀东:《商品房买卖法律问题专论》，法律出版社 2003 年版。

38. 张维迎:《信息、信任与法律》，生活·读书·新知三联书店 2003 年版。

39. 关保英:《行政法的私权文化与潜能》，山东人民出版社 2003 年版。

40. 金俭：《中国住宅法研究》，法律出版社 2004 年版。

41. 房绍坤、王莉萍：《房地产法典型判例研究》，人民法院出版社 2004 年版。

42. 许海峰：《商品房交易》，人民法院出版社 2004 年版。

43. 符启林：《房地产法》，法律出版社 2004 年版。

44. 符启林：《房地产法实例点评》，法律出版社 2005 年版。

45. 车辉、李敏：《担保法律制度新问题研究》，法律出版社 2005 年版。

46. 吴清旺、贺丹青：《房地产开发中的利益冲突与衡平》，法律出版社 2005 年版。

47. 王克稳：《经济行政法基本论》，北京大学出版社 2005 年版。

48. 应松年：《当代中国行政法（上）》，中国方正出版社 2005 年版。

49. 李昊、常鹏翱、叶金强、高润恒：《不动产登记程序的制度建构》，北京大学出版社 2005 年版。

50. 杨承志：《“楼花”炒卖风险防范——商品房预售管理制度探析》，广东经济出版社 2006 年版。

51. 李仁玉等：《合同效力研究》，北京大学出版社 2006 年版。

52. 郭明瑞、房绍坤、张平华：《担保法》，中国人民大学出版社 2006 年版。

53. 谢哲胜：《财产法专题研究》，中国人民大学出版社 2006 年版。

54. 吴弘、胡伟：《市场监管法论——市场监管法的基础理论与基本制度》，北京大学出版社 2006 年版。

55. 程根球：《修炼：房地产律师策划实战》，法律出版社 2006 年版。

56. 雷兰：《商品房预售法律问题研究》，知识产权出版社 2007 年版。

57. 温晋锋：《行政法学概论》，南京大学出版社 2007 年版。

58. 张柳青、单国军：《物权法审判实务疑难精解》，中国法制出版社 2007 年版。

59. 高富平：《物权法专论》，北京大学出版社 2007 年版。

60. 金自宁：《公法、私法二元区分的反思》，北京大学出版社 2007 年版。

61. 刘瑛、乔宁：《房地产开发》，北京大学出版社 2007 年版。

62. 洪艳蓉：《房地产金融》，北京大学出版社2007年版。

63. 郑瑞琨等：《房地产交易》，北京大学出版社2007年版。

64. 周林彬：《法律经济学：中国的理论与实践》，北京大学出版社2008年版。

65. 唐烈英：《商品住房买卖贷款按揭法律问题研究》，法律出版社2008年版。

66. 郭军：《房地产开发——法律适用与疑难解释》，中国法制出版社2008年版。

67. 李延荣、周珂：《房地产法》，中国人民大学出版社2008年版。

68. 杨解君：《行政法与行政诉讼法》（上），清华大学出版社2009年版。

69. 何新华、胡文发：《建设与房地产法规》，同济大学出版社2009年版。

70. 毛和文：《不动产按揭法律制度研究》，中国民主法制出版社2010年版。

二、译著类

1. ［法］孟德斯鸠：《论法的精神》（张雁深译），商务印书馆1961年版。

2. ［法］路易·若斯兰：《权利相对论》（王伯琦译），中国法制出版社2006年版。

3. ［德］罗尔夫·斯特博：《德国经济行政法》（苏颖霞、陈少康译），中国政法大学出版社1999年版。

4. ［德］汉斯·J. 沃尔夫、奥托·巴霍夫、罗尔夫·施托贝尔：《行政法》（第一卷）（高家伟译），商务印书馆2002年版。

5. ［德］曼弗雷德·沃尔夫：《物权法》（吴越、李大雪译），法律出版社2002年版。

6. ［德］卡尔·拉伦茨：《法学方法论》（陈爱娥译），商务印书馆2003年版。

7. ［德］贝鲍尔·施蒂尔纳：《德国物权法》（上册）（张双根译），法律出版社2004年版。

8. ［意］布鲁诺·莱奥尼著：《自由与法律》（秋风译），吉林人民出版社 2004 年版。

9. ［日］美浓部达吉：《公法与私法》（黄冯明译），中国政法大学出版社 2002 年版。

10. ［日］芦部信喜、高桥和之：《宪法》（第三版）（林来梵、凌维慈、龙绚丽译），北京大学出版社 2006 年版。

11. ［日］高木多喜男：《担保物权法》，有斐阁 1996 年版。

12. ［英］P. S. 阿蒂亚：《合同法概论》（程正康等译），法律出版社 1982 年版。

13. ［英］弗里德里希·冯·哈耶克：《自由秩序原理》（下册）（邓正来译），三联书店 1997 年版。

14. ［英］边沁：《道德与立法原理导论》（时殷弘译），商务印书馆 2000 年版。

15. ［英］凯恩斯：《就业、利息和货币通论》（宋韵声译），华夏出版社 2005 年版。

16. ［美］庞德：《通过法律的社会控制》（沈宗灵译），商务印书馆 1984 年版。

17. ［美］E. 博登海默：《法理学》（邓正来译），中国政法大学出版社 2004 年版。

18. ［美］E. 博登海默：《法理学：法律哲学与法律方法》（邓正来译），中国政法大学出版社 1998 年版。

三、编著类

1. 应松年：《行政法学新论》，中国方正出版社 1998 年版。

2. 梁慧星：《中国物权法研究》（上、下），法律出版社 1998 年版。

3. 张富强：《香港律师法规资料编译》，法律出版社 1999 年版。

4. 张富强：《香港律师制度与实务》，法律出版社 1999 年版。

5. 江平：《中华人民共和国合同法精解》，中国政法大学出版社 1999 年版。

6. 罗建荣：《房地产法律实务》，上海交通大学出版社 2000 年版。

7. 蔡耀忠：《中国房地产研究》（第 1 卷），法律出版社 2002 年版。

8. 梁慧星：《民商法论丛》（第七卷），金桥文化出版（香港）有限公司2002年版。

9. 符启林：《商品房预售法律制度研究》，中国政法大学出版社2002年版。

10. 张文显：《法理学》，高等教育出版社2003年版。

11. 殷勇：《商品房买卖中的法律问题与案例评析》，人民法院出版社2003年版。

12. 陈浩文：《涉外建筑法律实务》，法律出版社2004年版。

13. 卢现祥：《新制度经济学》，武汉大学出版社2004年版。

14. 应松年、杨解君：《行政许可法的理论与制度解读》，北京大学出版社2004年版。

15. 王利明：《民法学》，复旦大学出版社2004年版。

16. 应松年：《当代中国行政法（上、下）》，中国方正出版社2005年版。

17. 徐苏宁、顾大松：《行政许可法案例解读及实务操作》，江苏人民出版社2005年版。

18. 王全弟：《债法总论》，复旦大学出版社2005年版。

19. 胡建淼：《论公法原则》，浙江大学出版社2005年版。

20. 刘嗣元、石佑启：《国家赔偿法要论》，北京大学出版社2005年版。

21. 谭世贵：《中国司法制度》，法律出版社2005年版。

22. 中华人民共和国国家统计局：《中国统计年鉴——2005》，中国统计出版社2005年版。

23. 陈海萍：《行政许可法新论》，中国政法大学出版社2007年版。

24. 周林彬、张永春等：《中国大陆、香港与澳门商品房预售法律制度比较研究》，中山大学出版社2007年版。

25. 郑云瑞：《合同法学》，北京大学出版社2007年版。

26. 黄松有：《〈中华人民共和国物权法〉条文理解与使用》，人民法院出版社2007年版。

27. 宋令友：《实践中的房地产法律问题》，法律出版社2007年版。

28. 贺荣：《物权法与行政诉讼实务问题研究》，中国法制出版社2008

年版。

29. 钱瑛瑛：《房地产经济学》，同济大学出版社2008年版。

30. 孙忠宪：《中国物权法：原理释义和立法解读》，经济管理出版社2008年版。

31. 周林彬：《法律经济学：中国的理论与实践》，北京大学出版社2008年版。

四、学位论文类

1. 金珍庆：《商品房预售模式下的法律问题及其对策》，中国政法大学硕士论文，2001年。

2. 周丽霞：《在建商品房上民事权利的冲突与解决》，华东政法学院硕士论文，2002年。

3. 于朝印：《商品房预售法律制度研究》，中国政法大学硕士论文，2002年。

4. 经纬：《商品房预购人权益保护研究》，西南政法大学硕士论文，2003年。

5. 黄胜开：《不动产登记法律问题研究》，西南政法大学硕士论文，2003年。

6. 侯海霞：《我国商品房预售法律制度若干问题研究》，吉林大学硕士论文，2004年。

7. 李克华：《房地产市场中抵押权问题研究》，四川大学硕士论文，2004年。

8. 杨承志：《商品房预售管理法律制度研究》，华中科技大学硕士论文，2004年。

9. 叶金花：《我国大陆房地产按揭法律制度实证分析》，西南政法大学硕士论文，2005年

10. 陈敏：《商品房认购书法律问题研究》，厦门大学硕士论文，2005年。

11. 付飞龙：《论商品房按揭的风险及防范》，西南政法大学硕士论文，2006年。

12. 傲雪：《商品房预售制度与国家管制评析》，吉林大学硕士论文，

2006 年。

13. 徐江华：《商品房预售的法律规制研究》，江西财经大学硕士论文，2006 年。

14. 徐江华：《商品房预售的法律规制研究》，江西财经大学硕士论文，2006 年。

15. 赵亮：《预告登记制度研究》，中国政法大学硕士论文，2006 年。

16. 路玉：《商品房按揭的法律问题研究》，山东大学硕士论文，2006 年

17. 刘怡琳：《论我国商事信用法律体系的构建》，大连海事大学硕士论文，2007 年。

18. 周昊：《我国商品房按揭法律制度研究》，西南政法大学硕士论文，2007 年

19. 卢丽：《商品房认购书法律问题研究》，南京师范大学硕士论文，2008 年。

20. 张林鸿：《商品房预售制度法律问题研究》，贵州大学硕士论文，2008 年。

21. 张薇：《完善我国商品房预售许可制度的法律思考》，北京交通大学硕士论文，2008 年。

22. 徐琼花：《不动产预告登记制度研究》，复旦大学硕士论文，2008 年。

23. 欧阳建胜：《论不动产预告登记制度》，中国政法大学硕士论文，2008 年。

24. 张玉萍：《商品房预售模式下的的权利冲突及其法律规制》，西南政法大学硕士论文，2009 年。

25. 孙瑞娟：《对我国房地产业融资问题研究》，中国海洋大学硕士论文，2009 年。

26. 史训周：《论商品房预售中预购人风险防范的法律对策》，兰州大学硕士论文，2009 年。

27. 吕金伟：《在建工程抵押权与相关优先权冲突问题研究》，西南政法大学硕士论文，2010 年。

28. 李洪敏：《建设工程优先受偿权实现中的权利冲突与解决》，西南

政法大学硕士论文，2010 年。

29. 高建斌：《论商品房预售中对预购人保障的法律完善》，中国政法大学硕士论文，2010 年。

30. 何靓：《试论不动产登记前买受人期待权之法律效力》，中国社会科学院研究生院硕士论文，2010 年。

31. 李琼琼：《商品房预售法律问题研究》，兰州大学硕士论文，2010 年。

32. 朱斌：《商品房交易中预付购房款监管研究》，天津师范大学硕士论文，2010 年。

33. 石晓辉：《预售商品房按揭法律问题研究》，复旦大学硕士学位论文，2010 年

五、杂志类

1. 张步洪：《论行政许可的范围》，《行政法学研究》1998 年第 2 期。

2. 王福华：《商品房预售风险的公证预防》，《河北法学》1999 年第 1 期。

3. 程明修：《德国经济行政法总论之发展现状》，《法学丛刊》1999 年第 3 期。

4. 毛寿龙：《市场经济的制度基础：政府与市场的再思考》，《公共行政》2000 年第 2 期。

5. 张学文：《建设工程承包人优先受偿权若干问题探讨》，《法商研究》2000 年第 3 期。

6. 窦玉梅：《探索于民法中最活跃的领域》，《人民法院报》2000 年 12 月 15 日。

7. 黄志明、张琦：《论按揭的法律定位》，《法学家》2001 年第 3 期。

8. 王利明：《试论我国不动产登记制度的完善（下）》，《求索》2001 年第 6 期。

9. 梁慧星：《合同法第二百八十六条的权利性质及其适用》，《民商法学》2001 年第 9 期.

10. 唐烈英：《论我国物权法体系的构建》，《四川大学学报》2002 年第 2 期。

11. 余能斌、范中超：《论法定抵押权——对合同法第286条之解释》，《民商法学》2002年第3期。

12. 王世其：《购房按揭强制保险若干问题分析》，《法学》2003年第4期。

13. 宫晓冰：《中国公证制度的完善》，《法学研究》2003年第5期。

14. 章志远：《行政撤销权法律控制研究》，《政治与法律》2003年第5期。

15. 张钧：《论建设工程优先权的成立与登记》，《当代法学》2003年第6期。

16. 岳树民：《论税制的非正式约束》，《研究与探索》2003年第9期。

17. 孙鹏：《不动产预告登记》，《法治论丛》2003年第9期。

18. 刘莘：《利益平衡：（行政许可法）的关注重点》，《法学》2003年第10期。

19. 黄松有：《就商品房买卖合同纠纷适用法律司法解释答记者问》，《人民法院报》2003年5月13日。

20. 赵杰宏：《试论商品房预售认购书的性质及法律地位》，《佳木斯大学社会科学学报》2004年第2期。

21. 黄利荣：《我国市场经济信用制度探析》，《延安大学学报》2004年第6期。

22. 孙自如、刘瑰：《商品房预售认购书相关问题研究》，《社会科学论坛》2005年第7期。

23. 郜智贤：《循序渐进取消预售是出路》，《城市开发》2005年第11期。

24. 王鸽：《浅析商品房预售之预告登记制度》，《台声·新视角》2005年第8期。

25. 符启林：《商品房预售模式下的与抵押权相关的权益冲突及其立法完善》，《河南省政法管理干部学院学报》2005年第5期。

26. 杜宇：《建设部：近期不会取消商品房预售制度》，《上海证券报》2005年8月25日。

27. 宋庭敏：《我国商品房预售制度发展研究》，《财经问题研究》2006第1期。

28. 田文：《美国商品房如何预售》，《中国地产市场》2006 第 3 期。

29. 李珊珊：《我国商品房预售制度的存废》，《沿海企业与科技》2007 年第 5 期。

30. 陈芳华：《预告登记制度在我国的实践及其信息化——兼评《物权法》相关规定》，《中国房地产》2007 年第 6 期。

31. 李卫：《上海集体退房第一案》，《中国审判》2007 年第 1 期。

32. 何丹、雷琼芳：《重构商品房预售的探讨》，《长江大学学报》2007 年第 10 期。

33. 许晋荣：《韩国预售房制度对中国的借鉴探悉》，《财经界》2007 年第 4 期。

34. 杜云发：《开发商一房二卖买房人双倍获赔》，《人民法院报》2007 年第 1 期。

35. 唐烈英：《商品住房担保贷款制度的法律构建》，《现代法学》2007 年第 2 期。

36. 关学军：《“济南模式”管好了商品房预售款》，《城乡建设》2007 年第 11 期。

37. 孙艳辉：《物权法视野中的公证制度之完善》，《中国公证》2007 年第 3 期。

38. 田艳辉、黄共兴：《论商品房认购书的法律性质》，《北华航天工业学院学报》2007 年第 6 期。

39. 江珊：《对商品房预售认购书法律效力的探讨》，《法制与社会》2007 年第 12 期。

40. 高磊：《行政许可行为利害关系人的诉讼主体资格》，《人民司法》2008 年第 24 期。

41. 雷兴虎：《中国商品房预售制度的存与废——兼谈我国房地产法律制度的完善》，《法学评论》2008 年第 1 期。

42. 徐晓明：《行政许可撤销制度研究》，《行政法学研究》2008 年第 4 期。

43. 吴文君：《法国商品房预售中抵押担保制度的应用》，《中国房地产金融》2008 年第 6 期。

44. 雷海虹：《商品房买卖认购书法律问题探析》，《新西部》2008 年第 14 期。

45. 何笑蘅:《论中国商品房预售法律制度的完善》,《社科纵横》(新理论版) 2009 年第 3 期。

46. 杨晓燕:《浅谈商品房预售法律制度完善》,《中外企业家》2009 年第 10 期。

47. 蔡永为:《完善商品房交易资金监管法律制度》,《商业经济》2009 年第 17 期。

48. 胡卫:《论在建工程抵押中的利益协调》,《法学论坛》2009 年第 4 期。

49. 广州市国土资源和房屋管理局:《广州市商品房预售款监督管理模式及效果》,《中国房地产》2009 年第 3 期。

50. 张宏杰:《商品房预售中的法律问题》,《科技信息》2009 年第 23 期。

51. 黄梓洋:《论商品房预售法律制度的完善》,《重庆工商大学学报》(社会科学版) 2010 年第 4 期。

52. 李晓月:《商品房预售中预购人与承包人的权益冲突及协调(下)》,《中国房地产》2010 年第 7 期。

53. 彭超:《论商品房预售中常见法律问题》,《产业与科技论坛》2010 年第 3 期。

54. 杨继慧:《完善我国商品房预售制度的立法建议》,《辽宁公安司法管理干部学院学报》2010 年第 1 期。

55. 车流畅:《商品房预售的风险问题的法律探析》,《中国商界》(下半月) 2010 年第 8 期。

56. 温杰:《浅谈我国商品房预售制度的完善》,《法制与社会》2011 年第 1 期。

后 记

本书系在前期相关项目研究的基础上，针对商品房预售中的一些法律问题进行专题研究而形成。主要内容包括：我国商品房预售法律制度一般理论、预售制度起源及在中国大陆的发展；商品房预售认购书的法律效力；商品房预售许可制度等。本书注重理论与实践结合，针对商品房预售中存在的实际问题进行理论分析，并提出切实可行的解决措施。

本书由骆小春、李克明提出写作思路及框架。全书共六章。第一章由朱露露、骆小春撰写，第二章由陈晨、李克明、骆小春撰写，第三章由凤敏、骆小春撰写，第四章由纪睿、李克明、骆小春撰写，第五章由邹静、李克明撰写，第六章由赵婧、骆小春撰写。全书由骆小春、李克明、赵婧负责审核定稿。

由于我们的水平和占有的资料有限，疏漏之处在所难免，恳请广大读者和专家指正。

骆小春

于南京工业大学浦园

2011－12－8

图书在版编目(CIP)数据

商品房预售法律制度本论/骆小春,李克明等著.—合肥:合肥工业大学出版社,2011.12

ISBN 978-7-5650-0639-5

Ⅰ.①商… Ⅱ.①骆…②李… Ⅲ.①商品房—售房—房地产法—研究—中国 Ⅳ.①D922.181.4

中国版本图书馆CIP数据核字(2011)第272752号

商品房预售法律制度本论

骆小春 李克明 等著　　责任编辑 章 建

出 版	合肥工业大学出版社	版 次	2011年12月第1版
地 址	合肥市屯溪路193号	印 次	2011年12月第1次印刷
邮 编	230009	开 本	710毫米×1010毫米 1/16
电 话	总编室:0551—2903038	印 张	12.75
	发行部:0551—2903198	字 数	220千字
网 址	www.hfutpress.com.cn	印 刷	安徽江淮印务有限责任公司
E-mail	hfutpress@163.com	发 行	全国新华书店

ISBN 978-7-5650-0639-5　　定价:28.00元